RAPPORT

SUR LE

LITIGE PENDANT ENTRE LES PROPRIÉTAIRES

DES

THONNARES DE PORTO PAGLIA ET PORTO SCUSO

ET LA

SOCIÉTÉ ANONYME DES MINES DE MALFIDANO

———◦◦◦———

PARIS

IMPRIMERIE ET LIBRAIRIE CENTRALES DES CHEMINS DE FER

IMPRIMERIE CHAIX

SOCIÉTÉ ANONYME AU CAPITAL DE TROIS MILLIONS

Rue Bergère, 20

1912

RAPPORT

SUR LE

LITIGE PENDANT ENTRE LES PROPRIÉTAIRES

DES

THONNARES DE PORTO PAGLIA ET PORTO SCUSO

ET LA

SOCIÉTÉ ANONYME DES MINES DE MALFIDANO

———◦◦◦———

PARIS
IMPRIMERIE ET LIBRAIRIE CENTRALES DES CHEMINS DE FER
IMPRIMERIE CHAIX
SOCIÉTÉ ANONYME AU CAPITAL DE TROIS MILLIONS
Rue Bergère, 20
1912

RAPPORT

SUR LE

LITIGE PENDANT ENTRE LES PROPRIÉTAIRES

DES

THONNAIRES DE PORTO PAGLIA ET PORTO SCUSO

ET LA

SOCIÉTÉ ANONYME DES MINES DE MALFIDANO

La Société des Mines de Malfidano nous ayant demandé notre avis sur les faits qui servent de base à ce litige, en vue de s'éclairer à leur sujet aussi exactement que possible, en l'état actuel de la cause où s'opposent les affirmations et les négations, nous avons commencé par dépouiller les pièces du dossier, et les examiner à fond. Le sujet ainsi soumis est tout entier d'ordre scientifique; il ne peut donc se résoudre que par des constatations objectives et par des mesures précises. Le dossier contient les mémoires publiés, après leur enquête sur place, en 1906 par MM. Maganzini, Héraud, Giard, en 1912 (mars et avril) par MM. L. de Marchi, Omodei, Parona. Après les avoir étudiés, et en avoir pesé les conséquences, il ne nous a point paru qu'ils aient épuisé la question. Or, il est indispensable de connaître toutes les données mesurables, si on veut les comparer entre elles, juger de leur valeur, et conclure justement.

Nos remarques à cet égard portent sur deux points. Le premier est que l'on n'a pas fait suffisamment appel aux ressources actuelles de l'océanographie. Le sujet en litige est en effet de ceux que l'océanographie physique et biologique sait résoudre, depuis plusieurs années, par l'emploi de méthodes précises d'investigations : études sur les vitesses de précipitation des corps en suspension dans l'eau, sur la topographie des fonds sous-marins dans la région considérée, sur la valeur et la distribution des isothermes et des isohalines comme sur leurs variations dans le temps et dans l'espace. Les nombreux et importants travaux publiés depuis une vingtaine d'années, sur le régime des poissons migrateurs, par les Océanographes et les Ichthyobiologistes d'Allemagne, d'Angleterre, de Danemark, de Norwège, mentionnent ces méthodes; ils exposent leurs résultats. Or, si quelques-uns de ces procédés furent appliqués au présent cas, plusieurs autres, d'importance capitale pourtant, ne l'ont pas été.

Une seconde remarque a retenu notre attention. Les demandeurs allèguent que la thonnare de Porto-Paglia est en décadence constante depuis plus d'un quart de siècle, et on en conclut que les thons ont été détournés de cette thonnare par une cause qui n'existait pas antérieurement. On veut trouver la cause de ce détournement dans le déversement des eaux de refus des laveries de Buggerru et dans le jet des stériles à Planu-Sartu, prétendant que les eaux troubles sont transportées jusque dans la région des thonnares et empêchent les thons d'accéder à celle de Porto-Paglia. Or, il est bien certain que des phénomènes de cette sorte sont irréguliers par leur nature même, que même en admettant pour fondés les dires des demandeurs, le transport en mer à des distances aussi considérables que celles qui sont en jeu dépend des conditions infiniment variables de la houle et des courants, et on doit se demander *a priori* comment il peut se faire qu'une cause essentiellement variable ait pu produire un résultat aussi constant et persistant que l'est, d'après les demandeurs, la décadence de la thonnare de Porto-Paglia. Un effet constant ne peut s'expliquer que par une cause également constante. Or, nous n'avons rien trouvé, dans les documents fournis, qui pût justifier sans restriction une telle persévérance ainsi maintenue avec continuité. Il y a là, dans le dossier, et sur le fait principal, une omission grave, que nul n'a réparée.

Aussi avons-nous été conduits à reprendre le travail relatif aux constatations objectives, ainsi qu'aux mesures, afin d'en tirer, comme nous aurions fait d'un travail scientifique, les conclusions applicables au sujet. Nous avons passé à Buggerru, et dans la région des thonnares, la seconde quinzaine d'octobre 1912, pour nous y livrer aux investigations nécessaires. Ce sont leurs résultats que nous exposons, après les avoir groupés en deux parties : la première d'Océanographie physique, la deuxième d'Océanographie biologique.

I

PARTIE PHYSIQUE

Les divers documents consultés pour cette étude, sont les ouvrages de Cialdi *(Sul moto ondoso del mare)*, Paolo Cornaglia *(Sul regime delle spiagge e sulla regolazione dei porti)*, les divers traités d'océanographie et particulièrement celui de Krummel *(Handbuch der Ozeanographie,* 2 vol.) ; enfin nous nous sommes rapportés aux nombreux mémoires publiés par l'un de nous, depuis plus de vingt-cinq ans, sur l'océanographie et la lithologie sous-marine, où l'on trouvera le détail des diverses expériences faites dans le but d'élucider les divers problèmes relatifs à la sédimentation sur le fond des océans.

SUR LA VALEUR QU'IL CONVIENT D'ACCORDER AUX OBSERVATIONS CONCERNANT LES ASPECTS DE LA MER

Afin de placer, dès le début, la question sur un terrain de discussion solide et véritablement scientifique, nous commencerons par établir le peu de confiance à accorder aux diverses apparences optiques observées sur la mer, bandes sombres, lumineuses ou scintillantes, et diversement colorées, eaux laiteuses, grises, blanches, troubles, limpides, bleu intense, bleu clair, café-au-lait et autres, que MM. les enquêteurs de mars et d'avril 1912 ont constatées, et qu'ils ont longuement décrites dans le but d'y trouver une preuve et une explication des dommages incriminés.

Nous pouvons dire avec toute l'assurance que nous donne notre longue expérience des choses de la mer, acquise pendant les multiples croisières que nous avons faites depuis nombre d'années et au cours des études que nous avons poursuivies, que rien n'est plus vague, plus incertain, plus trompeur et moins susceptible d'explication rigoureuse, que les nuances générales ou locales, en bandes ou en taches, accusées par les eaux marines. Pour la plupart, elles sont essentiellement fugitives, ainsi qu'on le reconnaît lorsqu'à l'aide d'une forte jumelle on les observe avec attention et continuité du haut d'une falaise, ou mieux de la passerelle d'un bâtiment qui permet d'en approcher davantage. On les voit alors, parfois en quelques instants, se transformer, se disloquer, ou se grouper, modifier et changer leur teinte, apparaître ou disparaître sans que rien permette de prévoir ces variations. Plus nombreuses le matin que pendant l'après-midi ou le soir, elles s'observent sur l'étendue entière de l'Océan, aussi bien au voisinage des côtes qu'au large. Souvent elles ne sont que de simples apparences, et il suffit ordinairement de s'en approcher pour qu'elles s'évanouissent; d'autres fois leur existence est plus réelle, quoique presque toujours de courte durée.

Les principales causes qui font apparaître ces bandes ou taches sont les suivantes :

En premier lieu, le mode d'éclairage. Quand le soleil est voilé, la mer est baignée par la lumière diffuse; lorsqu'il est découvert, l'éclairement dépend de l'intensité lumineuse de l'astre et de sa hauteur au-dessus de l'horizon, c'est-à-dire de l'heure de la journée. L'aspect est aussi en relation avec la position de l'observateur par rapport au soleil et par rapport à la surface miroitante observée et à son élévation au-dessus des flots. C'est pourquoi on peut affirmer que s'il était possible à une même personne de regarder au même moment la même nappe d'eau de deux points différents, elle n'en donnerait pas la même image. Et encore n'est-il pas tenu compte ici de l'observateur lui-même, ni de ses facultés visuelles si variables avec chaque individu. La position la plus avantageuse serait d'examiner la mer verticalement, du haut d'un aérostat, bien qu'on ne se mettrait ainsi à l'abri d'un certain nombre de causes d'erreurs qu'à la condition expresse de ne jamais regarder obliquement.

En deuxième lieu, les propriétés mêmes de la lumière. Par exemple le phénomène de la réflexion totale, qui se produit dans des conditions déterminées d'obliquité du rayon visuel, exerce une influence considérable. C'est lui qui donne à la mer l'aspect trompeur d'une bande sombre, plus ou moins allongée et parallèle à l'horizon, auprès de laquelle les régions voisines paraissent par contraste plus claires et souvent blanches.

La simple réflexion de la lumière à la surface des eaux est elle-même la cause d'apparences trompeuses. Cette surface en effet n'est presque jamais plane. Pour peu qu'il y ait du vent, elle est animée de mouvements oscillatoires où l'on peut d'ordinaire reconnaître la superposition de deux ou même trois systèmes de rides régulières et simultanées, dont les plus longues qui constituent la houle représentent le mouvement fondamental de la masse fluide, et sont stables comme direction et amplitude; les plus courtes, superposées aux premières et dues à des causes locales ou accidentelles, sont instables comme ces causes elles-mêmes. Chacun de ces systèmes de surfaces élémentaires absorbe, réfléchit et réfracte la lumière comme autant de miroirs différemment orientés, et leur effet total produit sur l'œil de l'observateur une impression lumineuse et colorée spéciale, tantôt plus claire et tantôt plus foncée. Ces apparences seront localement modifiées par l'ombre des nuages selon leur forme, leur vitesse de marche, leur situation proche ou lointaine relativement à l'observateur. Le vent produira des effets analogues par ses fréquents changements locaux de direction et d'intensité qu'aucune loi ne règle, comme les aviateurs ne le savent que trop. Telle est la cause des risées que connaissent tous ceux qui observent attentivement la mer. A ces causes, il conviendra d'ajouter les courants marins, les uns continus, d'autres temporaires dus au vent, à des différences de température provoquées par le passage de la nuit au jour, à des montées d'eaux chaudes et à des plongées d'eaux froides, suites de modifications thermiques brusques ou lentes, dans l'eau et dans l'air. Ces variations ont pour conséquences des apparitions ou des disparitions de plankton, qui viennent troubler la nuance de l'eau et modifier l'aspect qu'elle présente à distance.

En troisième lieu, l'action même du vent. Selon son intensité, sa durée, la profondeur et le modelé du fond, la nature lithologique des sédiments qui recouvrent celui-ci, il provoque la poussée vers la terre et la remontée locale vers la surface des sédiments fins qui, selon les circonstances, mettent plus ou moins de temps à se déposer de nouveau et qui, pendant qu'ils demeurent en flottaison, modifient eux aussi la teinte et l'aspect des eaux.

Dans ces conditions où les apparences se mêlent à la réalité, où le vent, la surface et le fond de la mer, le soleil, la température, la profondeur, la nature lithologique du fond, la nébulosité, les courants, le plankton, les sédiments minéraux, la position de l'observateur, sa nature physiologique, tout influe sur un même phénomène, il est impossible de faire la part d'une quelconque parmi les multiples causes exerçant leur action. Des croquis à main levée comme ceux des planches I et II du mémoire de MM. les enquêteurs de mars et d'avril 1912, ou une aquarelle comme celle qu'ils produisent, sont donc des documents dont il est impossible de se prévaloir.

Il est encore bien plus impossible de le faire lorsqu'on veut, comme le font les auteurs du mémoire, conclure non seulement à la présence d'eaux troubles, mais encore assigner à ces eaux troubles une origine précise et affirmer qu'elles viennent de Buggerru.

On ne peut s'empêcher de trouver téméraire une telle conclusion, lorsqu'on songe qu'elle est fondée sur des apparences visuelles à grande distance dont nous venons de dire toute la fragilité, et lorsqu'on s'aperçoit que, comme l'indiquent les croquis des planches I et II, ces constatations, limitées par les rayons visuels allant de Perdajas Mannas ou de Crobettana Manna à la pointe de Cala Domestica ont forcément laissé échapper tout ce qui se passait à l'est de ces rayons, et dans la région de Buggerru en particulier.

Pour avoir le droit d'émettre une conclusion aussi affirmative, il aurait fallu à notre avis vérifier au préalable ce qui se passait dans la région de Cala Domestica et suivre au delà jusqu'à leur origine, si elles existaient réellement, les eaux troubles que l'on avait aperçues. La voie de mer était fermée, il est vrai, par le temps, mais la voie de terre était ouverte, et il était loisible aux auteurs du mémoire de faire des constatations précises.

Ces constatations, nous les avons faites. Après avoir le 21 octobre, vu du haut de Perdajas Mannas que l'aspect de la mer dans la région de Cala Domestica ne présentait rien d'anormal ou qui ne trouvât son explication dans des causes naturelles, nous nous sommes rendus le 22 octobre à Buggerru, et de là nous sommes allés le 23 octobre à Cala Domestica à la pointe même de la Tour, et le 24 nous y sommes revenus, mais nous nous sommes placés en face sur la pointe dite de Toppi Vacca. Dans les deux cas nous étions admirablement placés pour voir ce qui passait à la fois au delà de la pointe vers le sud, et vers le nord du côté de Buggerru. La mer avait été assez agitée les jours précédents par des vents des 3e et 4e quadrant, elle l'était encore le 23 et le 24. Nous étions donc dans les conditions indiquées comme favorables par les demandeurs et les enquêteurs de mars-avril 1912. Or, le 23 octobre nous avons parfaitement constaté que l'intérieur de la crique était fortement agité, et qu'une zone d'eau d'un rouge intense la remplissait jusqu'en son milieu, puis suivait le bord sud le long de la pointe de la Tour jusqu'à son extrémité qu'elle contournait ensuite nettement pour déborder au dehors et se diriger vers le sud. Nous n'avons pas pu voir exactement jusqu'où elle allait, à cause de l'éclairage qui était défectueux, mais le fait n'est pas moins certain. Nous ne pensons pas que ces eaux aient pu aller bien loin, et nous croyons qu'elles se sont diluées au bout de quelques centaines de mètres dans la masse des eaux environnantes; mais il n'est pas moins vrai que nous avons bien constaté la présence d'eaux troubles ayant leur origine dans la crique de Cala Domestica, et qui ont pu donner lieu aux apparences constatées par les auteurs du mémoire du haut de Perdajas Mannas et prises par eux pour des eaux venant de Buggerru.

Or, il est bien certain que les eaux troubles sortant de Cala Domestica, dont nous avons constaté l'existence le 23 octobre, avaient leur origine à Cala Domestica même et ne venaient pas de Buggerru. Il y avait en effet à l'entrée de la crique deux sortes d'eaux troubles bien nettes, les eaux rouges dont nous venons de parler qui étaient collées le long du bord sud de la crique, et des eaux blanchâtres très différentes d'aspect qui formaient une mince bande le long du bord nord. Entre les deux un espace libre très net où les eaux étaient parfaitement claires. Il n'y avait donc aucune liaison entre les eaux du bord nord et celles du bord sud. Nous n'avons pu en raison de l'heure avancée suivre les premières suffisamment pour voir si elles se reliaient à celles de Buggerru; nous avons tout lieu de croire, d'après leur aspect, qu'elles en étaient distinctes et devaient leur origine à l'agitation de la mer et aux vagues qui battaient le pied des falaises. Quant à la formation des eaux rouges dans la crique de Cala Domestica, elle s'explique tout naturellement par l'apport qu'y fait le Rio Cardaxiu des eaux des laveries d'Aqua Resi de la Compagnie Pertusola, qui déposent dans le lit du Rio et sur la plage même un limon épais d'argile d'un rouge intense, où l'analyse décèle la présence de zinc. Il y a là plus qu'il n'en faut pour expliquer la formation des eaux rouges que nous avons constatées.

Le lendemain 24, le vent soufflait du nord. Nous étant rendus de bonne heure à Toppi Vacca, nous avons pu constater que, l'intérieur de la crique étant abrité, les eaux étaient calmes et l'entrée était claire; on ne voyait pas trace d'eau glauque venant de Buggerru, et ce n'est qu'à la hauteur des travaux de Planu Sartu, au point où se trouve le triage, que nous avons trouvé l'extrémité des eaux troubles de Buggerru.

Les mesures au disque Secchi ne permettent pas davantage d'élucider la question, parce que la transparence indiquée par l'instrument est un phénomène global résultant de la superposition de causes différentes, telles que l'apparition ou la disparition du plankton sous les influences thermiques que nous avons étudiées, la mise en suspension des sédiments du fond sous l'action des vagues, ou des actions locales mal définies, et le nombre de ces causes est trop grand pour qu'on puisse établir exactement si telle ou telle est en jeu et quelle est sa part d'action. Ainsi s'expliquent les énormes différences signalées par des mesures effectuées soit aux mêmes endroits à divers moments, soit à des endroits différents. Aucune loi de la répartition de la transparence n'a été constatée et ne peut l'être, d'autant plus qu'il est admis par tous les océanographes, et par MM. les enquêteurs de mars et d'avril 1912 eux-mêmes, que des traces infinitésimales, impondérables, des fractions infimes de milligramme, suffisent pour produire d'énormes variations. Si ces poussières sont impossibles à reconnaître, à identifier, à recueillir, il est évident que toute discussion sur les mesures elles-mêmes est frappée d'avance de stérilité et devient oiseuse.

Il n'y a donc aucune conclusion valable à tirer des figures 1 et 2 du rapport des enquêteurs de mars et d'avril 1912, consacrées aux mesures de transparence par le disque de Secchi. Ces figures devraient d'ailleurs, en tout état de cause, être rectifiées. Les positions des stations sont en effet inexactement reportées. On les a figurées à une distance de la côte double de celle à laquelle elles devraient être d'après les indications du texte. Si l'on rectifie comme elles doivent l'être les positions des stations, les conclusions changent complètement, notamment en ce qui concerne les stations 7 à 11 de la figure 1 et la position de la limite des eaux troubles à Buggerru qui en résulte.

ÉTUDE DIRECTE DES EAUX TROUBLES, DE LEUR RÉPARTITION ET DE LA PRÉCIPITATION DES SÉDIMENTS

Nous nous sommes donc attachés surtout à étudier la formation et l'extension des eaux troubles telles qu'elles se forment aux points d'émission des eaux des laveries du littoral, et à Buggerru en particulier. Pratiquement on peut se contenter de distinguer deux types d'eaux faciles à reconnaître : celles de la zone centrale, qui sont aussi les

2

plus chargées et dont la couleur est rouge brique à Buggerru, qui se présentent d'abord en masse continue, puis par paquets à contours nets; et celles de la périphérie qui bordent les premières et dont la couleur est glauque.

Pendant notre séjour à Buggerru, nous avons à diverses reprises parcouru en tous sens l'espace de mer s'étendant jusqu'au delà de Porto Scuso sans y trouver la moindre trace d'eau rouge et même d'eau glauque, sauf au voisinage immédiat de la terre, plus ou moins loin selon les jours et la direction des vents qui furent assez forts, du troisième et du quatrième quadrants, et jamais plus loin que la pointe de Toppi Vaca vers le sud et la plage de Portixeddu vers le nord. Mais comme une simple assertion est sans poids dans la présente discussion, nous allons montrer qu'il existe une série de causes mesurables, qui s'opposent à l'arrivée des troubles, non seulement jusqu'à la limite de la zone de protection des thonnares, mais même bien avant.

Les eaux des laveries de Buggerru transportent avec elles des matières que nous avons étudiées sur un échantillon recueilli à l'extrémité d'un des canaux en bois de la laverie Malfidano.

L'analyse mécanique nous a montré que le résidu fixe obtenu par filtration est composé de :

Sable (en grains franchissant le tamis 100 et restant sur
le tamis 200) . . . . 5,4 %
Fins-fins (grains minéraux cristallisés, franchissant le
tamis 200) . . . . 32,8 %
Argile et calcaire (grains amorphes, franchissant le tamis 200) 61,8 %

100,0 %

Le calcaire dosé directement atteignait 49,7 %. En outre, de nombreuses analyses exécutées par la Compagnie de Malfidano ont établi que ce résidu contenait de 4 à 7 % de zinc. Le sable, presque uniquement en grains fins, était surtout constitué par du calcaire pur ou chargé de calamine. Les fins-fins, observés au microscope, étaient des fragments anguleux de quartz cristallinique, de quartz hyalin en cristaux souvent bipyramidés, de zircon (rare et arrondi), d'apatite (rare), d'une grande abondance de grains ocreux rouge brique qui, débarrassés de la matière ferrugineuse les imprégnant par un traitement à l'acide fort, se montraient constitués par du feldspath, enfin de l'argile rouge.

Nous avons étudié directement la vitesse de précipitation de ces matières dans l'eau de mer. On a versé dans une éprouvette de 1.000 centimètres cubes de capacité et d'une hauteur de 350 millimètres 1 litre de l'eau sortant de la laverie. Après cinq minutes de repos, la portion déposée, dont la surface était nettement distincte du liquide surnageant, a été recueillie, séchée et pesée. La même opération a été répétée sur le liquide restant après dix minutes de repos, puis sur les nouvelles portions liquides après de nouveaux intervalles de quinze, trente, et encore trente minutes. En d'autres termes, on a évalué en poids les quantités de matières solides tombées après cinq, quinze, trente, soixante et quatre-vingt-dix minutes. On a reconnu ainsi que l'eau avait laissé déposer les proportions suivantes, calculées en centièmes, des sédiments qu'elle contenait primitivement :

Après   5 minutes. . . . .   29,5 %
  —   15   — . . . .   59,5 %
  —   30   — . . . .   93,4 %
  —   60   — . . . .   97,0 %
  —   90   — . . . .   99,9 %
Resté en suspension après 90 minutes. . . . .   0,1 %

Après une heure et demie de repos, c'est-à-dire lorsque l'eau contenait encore environ 1 °/₀₀ ou, en valeur absolue, environ 0^{gr},02 d'argile infiniment fine, si, après avoir approché de la paroi de l'éprouvette une feuille de papier bleu, on examinait verticalement, avec les précautions convenables, la couche d'eau éclairée par le reflet du papier, celle-ci prenait une teinte très analogue à celle des eaux glauques bordant sur la mer le contour des taches rouges. Cette nuance se transformait de plus en plus en bleu pur à mesure que le liquide s'éclaircissait davantage. Il y a donc lieu d'admettre que les eaux glauques sont débarrassées de 99,9 °/₀ de leur argile, et ne renferment au maximum que 2 centigrammes de sédiment par litre.

Ces dernières se diluent ensuite de plus en plus à mesure qu'elles s'éloignent de leur point de départ initial, et finissent par disparaître en se confondant avec la masse des eaux environnante.

Cette disparition est généralement assez rapide. On l'observe bien des hauteurs de la route qui de Buggerru se dirige vers le Rio San Nicolo : par temps calme, on voit les eaux sortant des laveries rassemblées en une masse immobile immédiatement contiguë à la terre. Quand le vent souffle, cette masse prend lentement, sous la poussée des vagues, la direction du sud ou celle du nord, toujours longeant la côte et se fractionnant en tronçons par suite des mouvements des flots et de la rencontre des nombreuses anfractuosités des falaises qui s'étendent à droite et à gauche de la plage de Buggerru. Ce cheminement d'eaux troubles ne dépasse pas, d'après nos observations, Toppi Vaca d'une part et la plage de Portixeddu d'autre part.

L'observation directe confirme donc la prompte clarification de la mer que l'expérience synthétique rapportée ci-dessus permettait déjà de prévoir.

Une autre observation que nous avons faite également montre que le dépôt de l'argile est très rapide même dans une eau fortement agitée. L'eau que la Société de

Malfidano prend à la mer à l'extrémité du quai de chargement des minerais, pour le service de ses laveries, est envoyée par les pompes, d'abord dans un bassin rectangulaire de quelques mètres carrés de surface qui sert de décanteur pour le sable et les algues entraînés par l'aspiration. Le mouvement de l'eau dans ce bassin est tumultueux et, malgré cela, le dépôt de l'argile se fait si rapidement, et le sable qui remplit le bassin en est tellement chargé que lorsqu'on le remue avec une pelle, il s'en élève un nuage de fine argile rouge. Il en est naturellement de même dans la mer, et le dépôt de l'argile y est au moins aussi rapide que dans le bassin.

Nous l'avons enfin observé à Cala Domestica le 24 octobre. L'eau des laveries d'Aqua Resi qui appartiennent à la Société Pertusola arrivait au fond de la crique chargée d'argile rouge, et remplissait toute la partie à l'abri du vent du nord qui régnait alors. Cette zone rouge se terminait brusquement bien avant l'entrée sans même être suivie d'eau verdâtre, ce qui montre bien que la précipitation des sédiments s'était faite aussi rapidement que dans le bassin de décantation ou dans l'expérience de l'éprouvette.

Le fait que les eaux troubles des laveries de Malfidano restent cantonnées dans des limites relativement étroites autour de Buggerru n'a d'ailleurs rien qui doive surprendre, si l'on tient compte de l'absence de courants sur la côte, et si l'on ramène à ce qu'elle est réellement l'action des courants de dérive.

D'autre part, l'étude de la configuration du sol sous-marin montre que les matières qui s'y déposent ne peuvent pas non plus gagner les thonnares par cheminement sur le fond.

Courants. — L'absence de courants marins le long de la côte et particulièrement d'un courant constant allant de Buggerru à la région des thonnares a été admise par MM. les enquêteurs eux-mêmes, il suffira donc de la mentionner. Il est évident qu'elle constitue une condition éminemment favorable au dépôt sur place des grains sableux fins et argiles rouges, et contraire à leur transport vers la zone réservée aux thonnares.

Courants de dérive. — MM. les enquêteurs de mars et d'avril 1912 mettent au premier plan l'action des courants de dérive et font reposer sur eux une grande part de leur augmentation. Une pareille cause ne nous paraît cependant pas pouvoir être valablement invoquée. Elle est, en effet, par sa nature même, essentiellement temporaire et, comme nous l'avons dit au début de ce Rapport, on ne peut songer à expliquer un effet que l'on dit permanent que par une cause également permanente. D'autre part, on a appliqué au calcul de la vitesse de ces courants de dérive une formule dont la publication (mai 1912) est de date trop récente pour qu'elle ait reçu la sanction de la pratique; encore eût-il fallu tenir compte de la loi de Zöppritz qui établit l'extrême lenteur avec laquelle le vent communique sa vitesse à la couche d'eau qu'il balaie de son souffle; le calcul qui suppose la naissance immédiate du courant de dérive est donc un calcul vain et sans portée ; enfin, le fait de prendre pour calculer les courants de dérive des vents de 100 kilomètres à l'heure, c'est-à-dire des vents de grande tempête qui sont toujours des vents exceptionnels, et qui sont particulièrement rares au moment de la pêche (il suffit, pour s'en assurer, de consulter la publication même du docteur Favaro citée par les auteurs) conduit à la même conclusion.

Étude du relief du sol sous-marin. — Si pour se rendre un compte exact du relief du sol sous-marin, on trace à l'aide des cotes de sondage indiquées sur la carte marine à l'échelle de 1/25.000ᵉ (que nous reproduisons à l'échelle de 1/75.000ᵉ) les courbes isobathes de 10 mètres en 10 mètres, et que selon l'usage, on distingue les aires isobathes par des teintes d'autant plus foncées qu'elles sont plus profondes, on constate que de Capo Pecora à Capo Altano le sol sous-marin est constitué par deux plaines à faible déclivité correspondant l'une au nord, à la baie de Portixeddu-San Nicolo, l'autre au sud au golfe de Porto Paglia, séparées par une zone à forte déclivité qui s'étend de Planu Sartu au Pan di Zucchero ou même au port de Masua. La plaine du nord présente dans la région centrale, entre Portixeddu et l'embouchure du Rio San Nicolo, jusqu'à la profondeur de 30 mètres, une pente moyenne de 16,6 millimètres par mètre, qui s'accentue aux extrémités et devient 25 millimètres à Capo Pecora et 31 millimètres à Buggerru à la hauteur de la Girouette ; la plaine du sud présente dans la région moyenne en face de Fontanamare, jusqu'à la même profondeur de 30 mètres, une pente moyenne de 18 millimètres par mètre, qui s'accentue également aux extrémités et devient 57 millimètres en face de Masua et 36 millimètres par mètre en face de l'emplacement de la thonnare de Porto Paglia, cette dernière pente se conservant à partir de là jusqu'à la thonnare de Porto Scuso. Entre les deux plaines, la pente moyenne jusqu'à la même profondeur de 30 mètres est de 40 millimètres en face de Planu Sartu, 33 millimètres en face de Toppi Vaca, 400 millimètres en face de la pointe de Cala Domestica, 33 millimètres en face du port de Canal Grande, 100 millimètres en face de la saillie qui sépare Porto Ferro du Pan di Zucchero. Il y a donc un talus relativement très raide qui sépare les deux plaines à faible déclivité du nord et du sud.

On voit de même très nettement que les trois courbes de 10, 20 et 30 mètres se rapprochent de la côte à Cala Domestica, entre Porto Ferro et le Pan di Zucchero, et à la hauteur de la pointe qui forme le bord sud de la petite baie de Masua. Même à Cala Domestica la courbe de 30 mètres est si près de la côte qu'on peut dire que la côte est à pic.

Il est certain qu'avec des pentes aussi prononcées les sédiments déposés sur le fond seront rapidement entraînés au-dessous de l'isobathe de 30 mètres où ils échapperont à tout mouvement régulier qui pourrait tendre à les porter vers les thonnares ; ils ne sont plus soumis qu'à un mouvement affaibli dû aux vagues de la surface insuffisant pour les transporter, mais suffisant pour les soulever légèrement et leur permettre d'obéir à l'action de la pesanteur qui produit sur eux comme une sorte d'écoulement vers les régions plus profondes. Cet effet est surtout accentué dans la zone à forte pente qui s'étend de Planu Sartu à Masua, il est complété encore par les abrupts de Cala Domestica, Porto Ferro, et la pointe sud du port de Masua, et on peut dire que cette sorte de talus qui sépare ces deux plaines basses constitue un obstacle infranchissable qui protège avec une complète efficacité la région des thonnares.

Étude directe des fonds de Capo Pecora à Capo Altano. — Avec une pareille constitution du sol sous-marin, le mouvement terrifuge des sédiments l'emporte de beaucoup sur le mouvement de translation le long de la côte, surtout en l'absence de courant régulier, et par suite les produits de désagrégation des côtes se localisent en face des points d'où ils proviennent.

Nous l'avons vérifié sur cinquante-cinq échantillons divers, recueillis en divers points de la zone comprise entre Capo Pecora et Capo Altano.

La côte est constituée du nord au sud par quatre massifs rocheux : granites au cap Pecora et à la Punta del Guardiano, calcaires et dolomies zincifères entre le Rio San Nicolo et Nebida y compris Malfidano et Buggerru, schistes rouges et verts de Nebida à Fontanamare ; puis de Fontanamare à la thonnare de Porto Paglia et jusqu'à 2 kilomètres environ au delà, grès tertiaires à gros éléments formés de grains siliceux arrondis à ciment calcaire. Les fonds présentent la même composition que les massifs voisins. Leur ensemble se compose de sables généralement d'autant plus fins qu'ils sont plus éloignés de terre, sauf vers le sud-ouest où ils deviennent au contraire très gros. Au delà d'une dizaine de kilomètres et à des profondeurs dépassant 50 mètres, ils se transforment en vases. Sauf au-dessous de 100 mètres l'argile fait presque complètement défaut, tandis que les fins-fins s'y trouvent en proportion considérable.

La première région, sous l'influence du massif granitique, contient des sables riches en quartz et en feldspath avec une très faible quantité de micas muscovite et biotite et dans lesquels le microscope indique la présence des minéraux, accessoires pour la plupart, fréquents dans les granites : magnétite, grenat, pyroxène abondant, amphibole, peridot rare, épidote, apatite, corindon, zircon et tourmaline. Le carbonate de chaux venant de coquilles plutôt que de calcaires y entre pour 20 %, l'argile est peu abondante et les grains de quartz y sont souvent ferrugineux.

Dans l'anse même de Buggerru, à une profondeur de 4 à 5 mètres et à une distance de la plage atteignant à peine 60 ou 70 mètres, s'étend un sable chargé d'argile et de nuance rougeâtre. C'est ce sable qui est retrouvé dans le bassin d'épuration des eaux pompées ; et nous savons qu'il suffit de le remuer pour voir s'en élever un nuage rouge. Près de Cala Domestica, la proportion du calcaire s'élève à 30 % et déjà commencent à apparaître les premières traces de schistes rouges et verts dont le gisement visible est plus méridional ; ce fait laisserait soupçonner l'existence, sur le fond même, d'un courant régulier, d'ailleurs faible, portant du sud au nord, qui serait un obstacle de plus à la translation du nord au sud des matières venant de Buggerru. Les échantillons de cette région, d'où le mica a disparu, renferment les minéraux rares des schistes, tels que chlorite, staurotide, pyroxène abondant et zircons en beaux cristaux.

A Nebida, la région devient franchement schisteuse ; les sables provenant de l'érosion et de l'abrasion de ces roches abondent en grains rouges. On les trouve plus particulièrement près de la terre ; de nombreux grains quartzeux sont ferrugineux à la suite de la fixation, à leur surface, d'un peu de fer.

La plaine sous-marine en face de Fontanamare manifeste des caractères mixtes. Le sable y est à la fois feldspathique et calcaire sous l'influence des grès tertiaires. Par places se présentent des amas d'algues calcaires et de débris de coquilles assez abondants pour constituer un véritable maerl au voisinage des plateaux rocheux sous-marins parsemés çà et là.

Plus bas encore, vers le sud-est, se reconnaissent les débris des grès tertiaires littoraux sous forme de sable quartzeux, à très gros grains roulés, parfaitement débarrassés de la petite quantité de ciment calcaire qui les rattachait les uns aux autres. Leur surface est ferrugineuse, en conséquence des nombreux grains schisteux plus ou moins décomposés qui y sont mélangés. Le mica n'y existe plus et l'argile n'y est qu'en faibles traces.

Ainsi qu'il a été remarqué, on trouve des sables jusqu'à 50 mètres de fond, et le passage d'ailleurs très rapide du sable à la vase par les sables vaseux, vases très sableuses et vases sableuses intermédiaires, sans doute facilité par la pente assez accentuée du lit océanique, ne se fait guère qu'au delà de cette profondeur. Les véritables vases avec leurs caractères typiques apparaissent seulement vers 100 mètres.

Les sables des plages n'offrent rien de particulier au point de vue de la question qui nous préoccupe.

L'étude directe des fonds confirme donc les conclusions auxquelles nous avaient conduits nos expériences et nos observations, à savoir que les eaux troubles s'éloignent peu de Buggerru et ne parviennent pas dans la zone réservée aux thonnaires, car si elles y parvenaient il n'est pas douteux qu'on trouverait sur les fonds des traces et des témoins de leur passage.

Limon sur les filets. — Nous examinerons enfin, pour terminer, la question à laquelle MM. les enquêteurs de mars et avril 1912 paraissent attacher une grande importance, relative à la découverte qu'ils auraient faite sur les filets d'une thonnare de grains rouges de 24 à 28 microns et même de 4 microns, c'est-à-dire de 4 millièmes de millimètre.

Avec des dimensions aussi faibles, nous considérons comme impossible d'identifier ces grains au point de pouvoir indiquer leur provenance. Que l'on ait pu par l'analyse chimique y déceler la présence de silice, d'alumine et de fer, c'est-à-dire les classer comme argile ferrugineuse, cela ne permet pas de dire que cette argile vient de Buggerru, attendu que l'argile ferrugineuse est commune dans tous les terrains, et spécialement dans les terrains de toute la région ; que les laveries de Nebida, qui sont très voisines des thonnares, en déversent des quantités considérables dans la mer pendant toute l'année, et que même les schistes de la côte donnent par désagrégation des grains rouges en tous points semblables. Il est vrai que l'on dit avoir trouvé dans ce limon une certaine proportion de zinc, et l'on en conclut que ce zinc provient de Buggerru.

Une telle conclusion manque totalement de rigueur. Elle ne serait exacte que si Buggerru était le seul point de la région où il y ait du zinc, mais comme il est fort loin d'en être ainsi, que en bien des points arrivent des eaux de laveries de minerais de zinc, à Cala Domestica celles de la mine d'Aqua Resi, à Masua et à Nebida celles des mines du même nom, que à Fontanamare même se trouvent des magasins où s'embarquent toute l'année des minerais d'une mine de l'intérieur (Seddas Modizzis), que dans ces embarquements, il arrive constamment que du minerai tombe à la mer, que par conséquent les raisons ne manquent pas pour que de l'argile et du minerai de zinc ayant leur origine dans le voisinage immédiat des thonnares aient pu s'y déposer sur le fond et ensuite mis en suspension par le mouvement de la mer s'attacher aux filets, nous ne voyons pas qu'il soit logiquement possible de conclure de la présence de l'argile et du zinc que leur seule provenance possible est Buggerru ; la seule chose que l'on puisse dire, d'après l'analyse, c'est que le limon est d'origine minérale ; aller au delà serait s'exposer à tomber dans l'arbitraire.

La constatation faite par MM. les Enquêteurs de mars et avril 1912 n'est donc en aucune façon décisive, et n'infirme en rien les conclusions que nous avons tirées précédemment de nos expériences et de nos observations sur la vitesse de précipitation des matières contenues dans les eaux qui sortent des laveries de Buggerru.

Ces conclusions subsistent donc intégralement et nous estimons qu'il est, d'après nos constatations, matériellement impossible que les eaux troubles des laveries de Buggerru arrivent dans la zone réservée aux thonnares et puissent donner lieu aux manifestations que MM. les enquêteurs disent avoir constatées du haut de Perdajas Mannas.

Nous pensons d'ailleurs que si les aspects de la mer décrits dans le rapport de ces enquêteurs correspondent à un trouble réel ayant existé à ce moment à la hauteur de Cala Domestica, ce trouble a dû être produit par des eaux sortant de la crique de Cala Domestica comme celles que nous avons constatées le 23 octobre, et ayant pour origine les dépôts formés par les eaux venant des laveries de la mine d'Aqua Resi.

II

PARTIE BIOLOGIQUE

Cette partie est destinée à donner une réponse à la quatrième et dernière question posée par la Cour de Rome : « Si, par l'effet de la souillure des eaux, résulte le détournement des thons. »

Cette question est capitale en la cause. C'est à elle que conduisent les trois premières. Aussi sera-t-elle traitée à fond, et sous ses deux formes, telles qu'elles résultent des circonstances de la cause elle-même :

1° Si les déversements de Buggerru exercent, en général, une influence, totale ou partielle, sur la pêche des thons communs *(Orcynus thynnus L.)*, dans la région des thonnares;

2° Si l'état actuel, invoqué par les demandeurs, de la thonnare de Porto Paglia dépend d'une cause appréciable, particulière, et capable d'être mise en évidence.

Par suite, cette seconde partie du présent rapport sera divisée en deux sections, respectivement consacrées à l'étude de ces deux côtés de la question complète.

PREMIÈRE SECTION

ÉTUDE GÉNÉRALE DES CONDITIONS BIOLOGIQUES
RELATIVES A LA PÊCHE DES THONS DANS LA RÉGION DES THONNARES

Un certain nombre de ces conditions ont déjà été examinées au cours des précédentes enquêtes; les résultats les concernant figurent parmi les pièces du dossier. Il est donc superflu de revenir sur ceux-ci, sauf pour en faire remarquer la nature parfois insuffisante. A plusieurs reprises, des données générales ont été employées à la démonstration de faits particuliers, alors que ceux-ci eussent dû être saisis en eux-mêmes directement et en les rapportant au thon, considéré dans sa morphologie comme dans sa biologie particulière.

3

L'océanographie biologique appliquée aux pêches a accompli dans les vingt dernières années, sous la puissante impulsion des écoles allemandes, anglaises, et surtout de là « Commission internationale pour l'Exploration de la mer », des progrès considérables. Des questions du genre de celle qui est ici pendante ne peuvent plus être examinées, ni traitées, sans observer avec soin les prescriptions formulées par ces études nombreuses et probantes.

Il suffira donc de retenir les seuls faits caractéristiques et importants, sans s'arrêter à aucune des allégations moins précises et de portée secondaire, dont on a parfois surchargé ces faits. Ces derniers sont au nombre de quatre. Ils portent :

1° Sur l'état de la faune marine générale dans la région incriminée ;

2° Sur l'influence du bruit que cause le jet des stériles à la mer ;

3° Sur l'influence qui serait exercée par les troubles que produiraient les eaux de refus de Buggerru ;

4° Sur la direction suivie par les thons dans leurs déplacements pendant la saison de leur pêche.

I. — État de la faune marine générale. — Nous confirmons à ce sujet les résultats obtenus par les premiers enquêteurs. Ces résultats, du reste, n'ont pas été contestés. Ils se résument d'un mot : l'état est normal. Aussi bien aux abords de Buggerru que dans la région des thonnares, la faune pélagique et la faune benthique ont la même composition que dans les autres parties similaires de la Sardaigne et de la Corse. L'un de nous, qui a spécialement étudié l'hydrobiologie des côtes de la Corse (1), a été frappé de la ressemblance entre les deux cas. Les fonds des côtes à falaises, dans ces îles, débutent par des nappes rocheuses avec plages sableuses intercalées, où s'établissent des prairies sous-marines d'algues et de zostères. Elles continuent, vers 25 à 30 mètres de profondeur, par des fonds coralligènes avec mélobésies, coraux, grands mollusques. Ensuite, vers 45 à 50 mètres de profondeur, ces fonds passent à du sable fin, où la vase commence à se montrer, où vit la faune propre aux dépôts détritiques les plus ténus.

La première région, la plus voisine du rivage, contient dans ses eaux, autour de ses rochers, la population habituelle des poissons littoraux, Sargues, Labres, Grénilabres, et autres, que l'on vient y pêcher. Elle possède aussi des Langoustes en quantité suffisante pour prêter à une pêche suivie. Les fonds coralligènes portent le *Corallium rubrum*, dont la délicatesse envers la pureté de l'eau est des plus grandes. Nul fait biologique n'autorise, par suite, à admettre une viciation quelconque, permanente, des eaux marines.

---

(1) Louis Roule, *Bulletin de la Société Centrale d'Agriculture et de Pêche*, 1902. (La pêche sur le littoral de la Corse.)

Il est vrai que ce résultat positif n'implique aucune conséquence à l'égard du thon. Ce dernier, étant un poisson migrateur, possède une sensibilité particulière, qui le conduit dans ses déplacements, et que les poissons sédentaires n'ont pas, ou qu'ils ont à un degré différent. Il était nécessaire, toutefois, de poser en premier lieu que les conditions habituelles de la vie marine locale ne sont point différentes, dans la région des thonnares, et même aux abords de Buggerru, de ce qu'elles sont ailleurs, dans les régions où rien de défavorable n'a jamais été constaté. Ce que l'on observe sur le thon dans une partie de la région des thonnares n'appartient donc qu'à lui, qu'à son propre état, ainsi qu'à celui de cette partie, et ne découle point d'une condition fâcheuse d'ordre général, dont la population locale subirait aussi les effets.

II. — De l'influence du bruit causé par le jet à la mer des stériles de Planu Sartu. — On a présenté comme cause de perturbation, à l'égard du thon, la décharge à la mer des matériaux jetés du haut des falaises de Planu Sartu. Cette cause, en soi, ne saurait être retenue. Il n'y a là qu'une présomption qui applique à un cas particulier (le détournement possible des thons), une donnée d'ordre général et problématique (la mise en fuite des poissons en général par des sensations sonores trop vives). Le thon n'a point, dans ses organes sensitifs, une conformation différente de celle des autres poissons migrateurs, maquereaux et sardines, qui fréquentent, dans la saison, les abords de ces falaises, et donnent lieu à Buggerru même à une pêche suivie. Il serait donc étonnant qu'il ne pût supporter ce que ces derniers subissent sans inconvénient.

Le raisonnement conduit, du reste, au même résultat. Il n'en est pas chez le poisson situé dans l'eau et entouré par elle, comme chez l'observateur placé sur une falaise ou dans un bateau, et entouré par l'air. Deux motifs s'y opposent : l'un physique, l'autre anatomique. L'ébranlement sonore des couches d'air qui atteint l'observateur est, quant au premier motif, plus intense que celui qui se trouve transmis par les couches aqueuses; il n'y a point égalité. Quand au second motif, l'organe auditif de l'observateur possède une supériorité et une délicatesse dont son similaire du thon est loin d'approcher. De fait, et suivant l'expérience physiologique comme selon l'induction anatomique, les poissons confinent à la surdité; certaines espèces même peuvent être considérées comme sourdes. Ces êtres possèdent bien une sensibilité aux mouvements des masses aqueuses où ils vivent, mais cette sensibilité particulière s'opère par l'entremise des organes de la ligne latérale, non point par leurs organes auditifs relativement exigus et peu différenciés. On ne saurait donc conclure des sensations de l'observateur à celles du poisson; il n'est entre elles aucune ressemblance, ni de qualité, ni de quantité. De plus, ces considérations s'adressent au cas de la proximité immédiate de Planu Sartu; à plus forte raison sont-elles applicables si l'on se suppose placé dans le périmètre de pêche réservé aux thonnares, éloigné de Planu Sartu par une distance supérieure à 10 kilomètres.

III. — **De l'influence qui serait exercée par les troubles que produiraient les eaux de refus.** — La possibilité d'une telle influence est mentionnée en premier lieu par les demandeurs; elle constituerait selon eux, la cause principale du détournement des thons.

La première partie du présent rapport répond à ce sujet, en ce qui concerne l'impossibilité de l'extension de ces troubles jusqu'à la zone d'action de la thonnare de Porto Paglia et au périmètre où s'exerce son droit de pêche. Il est donc inutile d'y revenir. Mais cette réponse, bien que suffisante par elle-même, doit toutefois, pour être complète, comporter une démonstration relative à l'influence que pourraient en ressentir les thons si cette cause venait à exister. MM. les enquêteurs de mars et d'avril 1912 insistent longuement, en effet, sur le détournement qui pourrait être occasionné par la présence d'eaux troubles, et apportent à l'appui de leur sentiment un certain nombre d'arguments. Mais leur argumentation contient toutefois une pétition de principes, et cette erreur de méthode, qui consiste à appliquer à un cas particulier (le détournement des thons), des déductions établies d'après ce que l'on constate de façon générale chez les autres poissons et surtout chez ceux des eaux douces. Ils omettent même, en ce qui concerne ces derniers, de discuter et de peser tous les motifs qu'ils invoquent; ils mentionnent, par exemple, l'opinion très juste de M. le professeur Vinciguerra sur l'action nuisible exercée dans les eaux douces par la diminution en quantité de l'oxygène dissous, action qui, dans ce milieu, prime les autres; mais tel n'est pas le cas ici. Il ne saurait y avoir diminution d'oxygène du fait des eaux des laveries, car elles ne contiennent rien qui puisse avoir une action quelconque sur l'oxygène dissous dans les eaux marines.

Il convient donc d'étudier directement si les thons, dans la région incriminée, seraient susceptibles de se détourner et de changer de route, dans le cas où ils viendraient à trouver devant eux des eaux troubles. La réponse doit être double : s'adresser d'une part au phénomène physique, c'est-à-dire à l'impression exercée par le milieu marin ainsi modifié; s'adresser, d'autre part, au phénomène physiologique, c'est-à-dire à la sensation éprouvée par les thons d'après la structure et le fonctionnement de leurs yeux.

MM. les enquêteurs de mars et d'avril 1912 font état de toutes les constatations visuelles qu'ils ont opérées eux-mêmes; il en tirent avec soin toutes les conséquences que leur compétence éprouvée leur permet d'obtenir. Toutefois, leurs conclusions sont mal posées, car ils les établissent pour eux-mêmes selon leurs sensations, et non pour les thons pris dans leur milieu selon leur conformation. Les deux situations sont dissemblables. L'observateur, pourvu d'yeux capables de s'accommoder à la vision d'objets situés à des distances différentes, peut apercevoir dans toute son étendue une zone d'eaux troubles. Placé dans l'atmosphère, entouré par une lumière intense, il se rend compte aisément des moindres altérations que les jeux de cette lumière lui permettent de saisir. Tout dissemblable est le cas du thon situé dans la mer.

Le milieu aquatique absorbe les radiations lumineuses mieux que ne le fait le milieu atmosphérique, et, par conséquent, se trouve moins éclairé. La diminution est rapide. Les expériences effectuées par nombre d'océanographes, et surtout celles de M. Regnard, Directeur de l'Institut Océanographique fondé par S. A. S. le Prince de Monaco, dénotent que la moitié au moins de l'intensité lumineuse est absorbée, dans la mer, dès le premier mètre de profondeur. La lumière continue à décroître ensuite, et l'obscurité augmente avec la profondeur elle-même. Il suit de là que les thons, et même les plus proches de la surface de l'eau, se trouvent, par rapport à l'observateur précédent, dans un milieu plus obscur. Les jeux de lumière, saisis par ce dernier, n'existent pas pour eux, ou se trouvent fort atténués. Leurs yeux ne reçoivent point des radiations lumineuses aussi nombreuses, ni aussi intenses. Ils n'ont donc qu'une faible capacité à juger de la présence d'eaux troubles autour d'eux. Ils ne sauraient, assurément, être détournés par ce qu'ils ne perçoivent pas, ou qu'ils perçoivent de façon insuffisante.

Ils perçoivent d'autant moins que leurs yeux ne sont pas conformés pour voir à de grandes distances, ni pour s'accommoder à la vision à des distances différentes. L'anatomie dénote, et la physiologie démontre, que les poissons dont les yeux ont la structure de ceux des thons (et il en est ainsi pour la majorité des représentants du groupe) ne discernent les objets que de près. Ces yeux, très sensibles à l'égard des mouvements de gros objets, le sont moins au sujet des formes de ces objets comme de l'appréciation des distances. Les poissons voraces se jettent sur tous les corps brillants et mobiles qui passent à leur portée immédiate; alors qu'ils demeurent insensibles visuellement aux proies les plus recherchées qui se tiennent à une distance de quelques mètres. Certaines pratiques de pêche, et notamment celle du thon de l'Atlantique ou germon, se basent sur une telle particularité; cette pêche se fait à la ligne traînante, avec une paille de maïs comme appât. Les thons, à cause de leur état visuel, ne sauraient donc avoir une sensation aussi précise, ni aussi vive, ni aussi étendue, que l'observateur.

Les demandeurs ont voulu établir, en outre, que les eaux troubles, dans l'intérieur des thonnares, peuvent gêner les mattanze en empêchant d'apprécier le nombre des thons contenus dans la chambre de mort. La première partie du présent rapport explique, à propos de ces troubles à l'intérieur des thonnares, qu'ils ne sauraient provenir de Buggerru, et qu'ils sont dus, comme il en est auprès des plages et des fonds sableux, aux soulèvements locaux occasionnés par la houle. De plus, les constatations faites à plusieurs reprises dans les thonnares elles-mêmes, ont montré que la présence de telles eaux troubles, malgré la gêne professionnelle qu'elle occasionne, n'empêche point les thons de pénétrer dans la chambre de mort et de donner lieu à une mattanza productive.

IV. — **De la direction suivie par les thons dans la région des thonnares pendant la saison de la pêche.** — Cette question n'a été traitée, jusqu'ici, que de façon insuffisante. La solution a pourtant une réelle importance.

L'opinion ancienne sur les migrations du thon s'est rendue inacceptable. Ces migrations n'ont pas la portée considérable qu'on leur accordait. Elles ne comportent point un voyage de circumnavigation, accompli le long des côtes, autour de la Méditerranée entière. L'opinion formulée par Pavesi dans son célèbre mémoire est devenue celle de tous les naturalistes. Les travaux récents de MM. Bounhiol, Bourge, et surtout ceux du Dr L. Sanzo (1), de l'Université de Palerme, fort bien résumés par le commandant Somigli (2), démontrent que la population thonnière de la Méditerranée est une population locale, et que ses déplacements sont plus limités qu'on ne le pensait autrefois. On ne saurait donc admettre a priori, ni poser en principe, que les migrations de bandes de thons s'effectuent avec constance, pendant la saison des pêches, le long des côtes selon une direction fixe sur un long parcours. Dans la cause présente, on n'a point le droit d'affirmer que les thons, qui vont se faire capturer dans la région des thonnares, passent, au préalable, à portée de Buggerru, et suivent, dans leurs déplacements, faits au long du littoral, une direction invariable du nord au sud.

La région des thonnares est évidemment visitée, à l'époque des pêches, par un groupement de thons qui se dirige vers elle; mais ce groupe n'aborde point cette région par l'une de ses extrémités, comme il le ferait s'il longeait la côte; il l'aborde de front, pénétrant à la fois, ou à peu d'intervalles, dans la zone d'action de chacune des thonnares. Il vient directement du large, et n'a pas d'autre direction. Les thonnares pêchent ensemble, aux dépens de ce groupement; elles subissent ensemble, à divers degrés, les contre-coups des variations que ce groupement peut offrir; mais, sauf ce synchronisme, elles ne se commandent point entre elles.

Les nouvelles données de l'océanographie, et celles de la biologie du thon, permettent de préciser à ce sujet. Les premières dénotent que les poissons pélagiques, et bons nageurs, dont le thon fait partie, ont la faculté de se déplacer aisément en profondeur, de plonger à plusieurs centaines de mètres ou de remonter dans les eaux superficielles selon les circonstances variables du milieu, en se montrant indifférents aux changements de pression. Les résultats obtenus, au cours de ces deux dernières années, par l'expédition danoise du *Michael Sars*, cités et précisés dans l'excellent ouvrage (3) que les deux directeurs de l'expédition, MM. John Murray et Johan Hjort, viennent de publier, sont des plus probants à cet égard. Ceux que S. A. S. le prince de Monaco a communiqués récemment à l'Académie des Sciences de Paris, d'après ses recherches sur la pêche en pleine eau à diverses profondeurs, les corroborent entièrement.

Pavesi avait été conduit, au sujet du thon, à une opinion peu différente. Il pensait que ce poisson habite, en hiver, les grandes profondeurs de 1.000 à 1.500 brasses, dont il remonterait, au printemps, pour se rapprocher des côtes et se faire capturer dans les

(1) Dr Sanzo, *Rivista mensile di Pesca*, 1910.
(2) C. Somigli, *La Pesca maritima industriale*, 1912.
(3) *The Depths of the Ocean*, London, 1912.

thonnares de course. Tout en admettant le principe d'une telle migration hivernale en profondeur, on ne connaît aucun fait qui autorise à la considérer comme aussi étendue. Il semble plutôt, selon les vues de M. le Dr L. Sanzo, et suivant celles qui ont conduit M. le sénateur professeur Grassi à proposer au Comité Royal Thalassographique italien (*Bulletin* n° 15, séance du 4 janvier 1912) une méthode capable de prolonger la pêche du thon à tous les mois de l'année, que le thon se tienne au large pendant l'hiver. Il fréquente donc des eaux situées en dehors de la bordure du plateau continental, et placées directement au-dessus des grandes profondeurs. Il peut, selon les circonstances, et sans difficultés, demeurer à la surface et nager en eau superficielle, ou plonger en eaux demi-profondes, et descendre à quelques centaines de mètres, s'il y trouve des conditions plus favorables sous le rapport de la température ambiante ou de l'alimentation. Il habite et parcourt avant de se rendre, au printemps, dans les régions littorales où sont calées les thonnares de course, ces eaux superficielles et demi-profondes situées au delà de la bordure du plateau continental. L'état même de cette bordure, sa proximité ou son éloignement de la côte, sa direction et l'angle qu'elle fait avec celle du rivage où sont situées les thonnares, jouent, par conséquent, un rôle primordial au moment du déplacement printanier, puisque les thons sont obligés de la franchir, pour parvenir dans les eaux du plateau et se rapprocher du rivage. Ils s'orientent selon la normale, ou selon une direction voisine de la normale, afin de se rapprocher de la côte.

. Les cartes marines de la partie méridionale de la Sardaigne montrent que la bordure du plateau continental n'est pas très éloignée de la côte elle-même : 12 à 15 kilomètres environ devant Buggerru, 15 à 20 kilomètres dans la région des thonnares. Le plateau continental est donc étroit : circonstance favorable à la prompte venue des thons, sans divagation d'autre sorte. Sa direction, presque parallèle à celle de la côte, va sensiblement du nord au sud au-devant de Buggerru, s'infléchit et se modifie à la hauteur de Nebida, et se porte sensiblement du nord-est au sud-ouest dans la région des thonnares. Il en résulte donc que le groupement des thons, dans sa migration de course, s'il allait du côté de Buggerru, s'y dirigerait de l'ouest vers l'est, et non pas du nord vers le sud ; il irait perpendiculairement à la côte, et non parallèlement à elle. Quant à la région des thonnares, la migration qui tend vers elle s'oriente du nord-ouest vers le sud-est, de manière à s'offrir à la fois aux zones d'action des filets ; elle ne se dirige point du nord-est vers le sud-ouest, comme elle le ferait si elle longeait la côte.

Ces diverses observations conduisent à une même fin, qui est de démontrer que les déplacements des thons, pendant la période de la pêche, s'effectuent en venant droit du large dans la région des thonnares, au lieu d'arriver par étapes tout au long du rivage. Ils ont lieu, par suite, à une grande distance de Buggerru. Aussi ne sauraient-ils être modifiés par le déversement des eaux de refus, ni par le jet des matériaux du haut de Planu Sartu, en supposant que les thons soient sensibles à des actions de cette sorte et que les droits des propriétaires des thonnares n'aient pas été limités dans un périmètre de cinq kilomètres ; l'éloignement est trop considérable.

La question posée par la Cour de Rome : « Si, par l'effet de la souillure des eaux, résulte le détournement des thons », reçoit ici sa réponse, à laquelle aboutissent progressivement tous les résultats cités. Cette réponse est négative : « Aucun fait morphologique ou biologique n'autorise à affirmer qu'il y ait détournement des thons causé par la souillure des eaux ou par le jet des stériles.

DEUXIÈME SECTION

ÉTUDE PARTICULIÈRE DES CONDITIONS BIOLOGIQUES RELATIVES A LA PÊCHE DES THONS PAR LA THONNARE DE PORTO PAGLIA

I. — **Considérations générales.** — La réponse précédente étant négative, basée sur des constatations objectives et directes, pourrait s'estimer comme suffisante ; mais elle laisse sans solution la question posée par les demandeurs, et n'explique pas pourquoi le rendement de la thonnare de Porto Paglia a diminué, alors que les deux autres thonnares, ses voisines, conservent leur production ou même l'augmentent. Cette diminution, si elle n'est pas temporaire, doit avoir, elle aussi, une cause permanente ; nous nous proposons de rechercher si cette cause existe, pour donner à notre réponse tout son poids et toute sa portée.

La méthode à suivre est de procéder par voie de comparaison. Puisque, dans l'ensemble des trois thonnares, deux conservent leur taux normal de rendement alors que la troisième le perdrait, la méthode scientifique consiste à étudier de façon comparative les conditions de la pêche dans celle-ci, pour les opposer à leurs similaires de celles-là. Il est inutile, en des recherches de cet ordre, d'incriminer la valeur professionnelle des pêcheurs, ni l'installation des engins. Il faut aller droit aux circonstances vraiment efficientes, qui touchent à la biologie du thon et à l'état des eaux marines dans la région des thonnares.

Les investigations faites par les océanographes sur les déplacements périodiques des poissons migrateurs, et surtout celles des savants collaborateurs de la Commission internationale pour l'Exploration de la mer, démontrent que ces déplacements s'effectuent en fonction directe et immédiate des changements qui se produisent dans le milieu marin environnant. Les relations sont si étroites et si constantes, qu'elles dépassent la coïncidence fortuite. De fait, elles sont causales ; les changements périodiques du milieu marin, et même les plus faibles, entraînent, comme conséquences inévitables, les déplacements périodiques des poissons migrateurs, chaque espèce de ces derniers ayant en cela son statut propre et sa capacité particulière.

Ces changements périodiques, saisonniers, des eaux marines portent sur les principales qualités de ces eaux; tous influent, à divers degrés, sur les migrations. Ils s'adressent : à la température, à la salinité, à l'éclairage des couches aqueuses, aux courants, à la teneur en gaz dissous comme qualité et comme quantité. Ils sont influencés à leur tour, localement et selon les régions, par la disposition des fonds sous-marins comme profondeur et comme topographie.

Les variations relatives à l'éclairage et à la teneur en gaz dissous, notamment en oxygène, sont à écarter, tout d'abord, dans cette étude comparative. Les trois thonnares se trouvent placées à de trop faibles distances les unes des autres pour prêter à dissemblances sur ce sujet. Les thons, au moment de leur pêche, et dans la région des thonnares, se tiennent uniformément en eaux superficielles, à proximité de la côte; ces dernières ne peuvent, dans un périmètre aussi limité, différer à cet égard.

Le fait relatif aux courants doit être également écarté. M. le Professeur Bounhiol, dans un ouvrage récent (1), attribue aux courants marins une influence prédominante sur la migration des thons. Ces poissons, selon lui, se dirigeraient toujours à contre-courant, et possèderaient en cela une sensibilité particulière. Rien de tel ne saurait s'invoquer comme s'appliquant à la région incriminée, pour établir une différence entre les trois thonnares. Toute cette région se soumet à un régime commun de courants variables et plus ou moins intenses, parfois presque nuls, qui associent ou opposent, à divers degrés, les courants superficiels de poussée (causés par les vents de direction changeantes, bien que ceux de nord à ouest soient dominants).

Les seules différences possibles qui doivent être recherchées, les eaux troubles étant écartées comme nous l'avons démontré, sont donc celles de la température et de la salinité des eaux marines dans la zone d'action des filets, c'est-à-dire dans l'espace situé en avant de la queue, que les thons parcourent avant d'être arrêtés par cette queue et conduits à l'entrée du foratico.

Cette étude est divisée en deux parties. La première traite des conditions actuelles, et la seconde des conditions qui se présentaient jadis, avant la perturbation invoquée dans la cause.

II. — Étude comparative de la température et de la salinité des eaux marines, dans les conditions actuelles offertes par les thonnares. — Nous avons procédé par deux fois au prélèvement des échantillons et

---

(1) Bounhiol. *Le régime du thon sur les côtes algériennes et dans la Méditerranée occidentale.* (Bulletin de la Société pour l'enseignement professionnel et technique des pêches maritimes; Paris, 1911.)

4

aux mesures nécessaires à cette étude : le 27 et le 29 octobre. Nous avons pris, pour éliminer l'influence possible des circonstances météorologiques et pour obtenir une meilleure moyenne, deux journées dissemblables : la première avec vent et houle assez intenses de nord-ouest, la seconde avec vent assez fort de sud-est. Dans les deux cas, la température de l'air était de + 16° C. à + 18° C. dans les premières heures de la matinée, pour monter à près de + 20° C. vers midi et jusqu'à l'approche du crépuscule.

A. — **La température.** — Les opérations de la matinée du 27 octobre ont été faites dans la région située devant Nebida, au nord de *Fontanamare*. La mer marque, entre le rocher isolé dit *Scoglio il Morte* et Fontanamare, à égale distance des deux, + 17°,4 C. à + 17°,8 C. à la surface, alors que l'eau puisée à 10 mètres de profondeur accuse + 18° C. Devant et auprès de Fontanamare, l'eau donne + 17°,7 C.

Les opérations de l'après-midi ont été faites depuis Fontanamare jusqu'à Isola Piana, en passant successivement devant la plage sablonneuse de Porta Paglia, puis sur l'emplacement de la thonnare de Porto Scuso, enfin sur celui de la thonnare d'Isola Piana. L'échauffement solaire a modifié quelque peu les résultats quant aux eaux superficielles. La mer marque, devant le milieu de la plage de Porto Paglia et en dehors de la ligne des hauts fonds, + 18°,3 C. à la surface, et + 17°,8 C. à 10 mètres de profondeur. Sur l'emplacement de la thonnare de Porto Paglia, elle accuse + 18°,8 C. à la surface et + 18°,3 C. à 10 mètres de profondeur. Sur les emplacements des deux thonnares de Porto Scuso et d'Isola Piana, elle donne partout + 19° C. à la surface et + 18°,3 à 10 mètres de profondeur.

Les opérations du 29 octobre ont été faites, dans la région des thonnares, entre 10 heures et midi, et successivement sans délai, afin d'éviter toute variation due à l'échauffement solaire. La mer accuse, sur l'emplacement de la thonnare de Porto Scuso, + 18°,5 C. à la surface et + 18°,1 C. à 10 mètres de profondeur. Elle donne les mêmes chiffres sur l'emplacement de la thonnare de Porto Paglia. Puis ces chiffres se modifient au-devant de la plage de Porto Paglia ; en dedans de la ligne des hauts fonds, dont il sera question plus loin, et vers le milieu de cette plage, tout auprès du rivage et par une profondeur de 1ᵐ,50, l'eau marque seulement + 17°,9 C., bien que les conditions météorologiques n'aient pas changé. Un peu plus au large, et toujours en dedans de la ligne des hauts fonds, par une profondeur de 5 mètres, la mer accuse + 18°,3 C. à la surface, et + 17°,9 C. sur le fond lui-même.

Ces résultats se résument ainsi : les eaux marines ont une température plus élevée dans la région des thonnares de Porto Scuso et d'Isola Piana que dans celle de Fontanamare et de la plage de Porto Paglia. Or, cette dernière est située dans la partie concave du golfe ; les fonds y sont moins profonds que dans la première. Si les circonstances étaient normales, les eaux, au-devant de la plage de Porto Paglia et vers Fontanamare, devraient accuser une température supérieure à celle de la première région. Puisque l'inverse se manifeste, il faut qu'il y ait là une circonstance anormale, et capable, non seulement de contrebalancer l'échauffement habituel diurne des eaux sur des plages basses situées au fond d'un golfe, mais encore de dépasser cette limite, et d'accuser finalement une diminution supérieure à un demi-degré centigrade.

B. — **La salinité.** — Les mesures de salinité conduisent à un résultat identique. Les opérations ont été faites, selon les indications de la Commission Internationale pour l'exploration de la mer, par le procédé de la chlorurométrie, et en dosant le chlore total Cl pour °/$_{00}$. Les tables de Knudsen (1) permettent ensuite, après correction, d'obtenir la salinité S.

Les eaux prélevées à la date du 27 octobre, soit à la surface, soit à 10 mètres de profondeur, sur l'emplacement des thonnares de Porto Scuso et d'Isola Piana, donnent à Cl, de façon uniforme, la valeur 21,03 (S = 37,99). Il en est de même pour celles de la thonnare de Porto Paglia, avec cette atténuation que les eaux prises à 10 mètres de profondeur accusent une diminution, et marquent pour Cl 21,01 (S = 37,95). La diminution s'accentue de plus en plus en remontant au long de la plage de Porto Paglia. Vers le milieu de cette plage, à 2 kilomètres au sud de l'embouchure du Rio sa Masa, l'échantillon donne à Cl la valeur de 19,80, abaissant ainsi la salinité au-dessous de 36 °/$_{00}$. Auprès de Fontanamare, à 10 mètres en face de l'embouchure du Rio sa Masa, la valeur de Cl tombe à 12,78 (S = environ 23).

Les mesures concernant la salinité aboutissent donc aux mêmes conclusions que celles qui touchent à la température. Alors que les eaux de Porto Scuso et d'Isola Piana possèdent une salinité normale et constante, celles de la thonnare de Porto Paglia accusent un début de variation, qui s'accroît au-devant de la plage de Porto Paglia, pour atteindre son maximum en face de l'embouchure du Rio sa Masa, le petit fleuve côtier du golfe. La région de la plage de Porto Paglia présente ainsi des conditions particulières qu'il devient indispensable de préciser au sujet de leur action sur les eaux les plus voisines.

C. — **La région anormale de la plage de Porto Paglia; ses courbes d'isothermes et d'isohalines; sa délimitation.** — Cette plage s'étend, sur trois kilomètres environ, depuis Fontanamare et l'embouchure du Rio sa Masa jusqu'aux premiers rochers de la falaise qui domine Torre Speronata. La thonnare de Porto Paglia est calée non loin de cette extrémité méridionale de la plage; on a construit, du reste, aux environs, les bâtiments d'exploitation où sont déposés les engins. Si les conditions étaient normales, les eaux placées au-devant de cette plage n'auraient une salinité inférieure que de

---

(1) Martin Knudsen, *Hydrographische Tabellen*, 1901, Kopenhagen, Hamburg.

peu à celle des eaux situées devant les falaises rocheuses, et montreraient une température quelque peu supérieure, surtout vers le milieu de la journée à cause de l'échauffement solaire. Or, au lieu de cet état normal, on constate un abaissement notable de la
salinité, et une diminution assez intense de la température. Les valeurs des isohalines et
celle des isothermes se suivent de façon concordante; elles diminuent progressivement
en approchant de la plage de Porto Paglia. Il y a donc, auprès de cette dernière, une ou
plusieurs causes perturbatrices, assez puissantes pour altérer la direction normale des
courbes de thermalité et de salinité. Ces causes sont au nombre de deux : l'une consiste
dans l'apport en eau douce du Rio sa Masa; l'autre dans la présence d'une ligne de hauts
fonds en avant et à quelque distance de la plage de Porto Paglia.

Le Rio sa Masa, qui se jette dans le golfe auprès de Fontanamare et de l'extrémité
septentrionale de la plage de Porto Paglia, est un petit fleuve côtier, soumis au régime
torrentiel. Mais ses eaux particulières, amenées dans son lit par le ruissellement des
pluies de son bassin, ne constituent que la plus faible partie de son débit; du reste, sa
condition à cet égard sera discutée plus loin. Son débit principal lui est donné par la
galerie d'écoulement des mines de Monteponi, auxquelles il sert d'émissaire. Cet appoint
se monte en moyenne, d'après les documents officiels mentionnés plus loin, à près de
100.000 mètres cubes par jour.

Ce débit est constant. Il en résulte que le Rio sa Masa, au lieu de ressembler aux
autres petits fleuves côtiers torrentiels, qui n'ont d'habitude qu'un faible écoulement en
période ordinaire et ne charrient par grandes masses qu'en cas de fortes pluies, prend
l'allure d'un cours d'eau au régime régulier, continu, abondant. L'eau qu'il entraîne
ainsi, venant de sortir depuis peu des galeries souterraines, est à une température relativement basse : $+ 17°$ C., le 27 octobre, vers 10 heures du matin, auprès de l'embouchure.
Elle contient bien quelques chlorures en dissolution, car elle provient des infiltrations
du massif minier, mais en faible quantité; l'échantillon prélevé auprès de l'embouchure
accuse seulement 0,96 $°/_{\infty}$ de Cl total. Cette eau douce, relativement fraîche,
ainsi déversée en abondance, avec régularité et continuité, dans la partie Nord de la
plage de Porto Paglia, exerce forcément une influence sur la teneur en sels et sur la
température des couches marines les plus proches de l'embouchure. Elle rapproche leur
thermalité de la sienne, et diminue leur salinité. Cet apport constant d'eau douce est
l'une des causes de l'état anormal constaté au-devant de la plage de Porto Paglia.

La seconde cause est due à l'état même des fonds dans la région considérée. Ceux-
ci, au lieu d'être normaux, c'est-à-dire de présenter des profondeurs de plus en plus
élevées à mesure qu'on s'éloigne de la plage, offrent une disposition irrégulière. Une
bande de hauts fonds, commençant auprès de Fontanamare pour s'étendre vers Torre
Speronata, passe au-devant de la plage de Porto Paglia, à la manière d'un récif bordant
immergé, et se tient éloigné d'elle à une distance qui n'excède point 1 kilomètre à
1 kilomètre et demi. Cette bande, assez large, mesure parfois, en ce sens, 200 à

300 mètres, et même davantage; elle se dresse presque abruptement sur son versant qui regarde la plage, et, par contre, s'infléchit plus doucement sur le versant opposé.

Ces hauts fonds sont bien connus des navigateurs pratiques de la région. Ceux-ci savent qu'ils doivent mouiller à plus d'un kilomètre de la plage, et qu'ils ne peuvent aborder cette dernière qu'à l'aide de petites embarcations à faible tirant d'eau, seules capables de franchir la ligne de ces écueils immergés. Ils sont également connus des pêcheurs locaux, qui exploitent leurs richesses en poissons littoraux et poissons de roche. Alors que ces écueils remontent assez pour n'avoir par places, au-dessus d'eux, que 1 à 2 mètres d'eau, la profondeur, entre eux et la plage, descend parfois à 10 et 12 mètres, ou même davantage. Le tableau de sondages qui suit montre en quoi consiste cette disposition. Ces sondages ont été faits en série suivant une ligne normale à la plage, prise non loin des bâtiments d'exploitation de la thonnare de Porto Paglia et de l'emplacement de cette thonnare :

Distances mesurées depuis le rivage.	Cotes de profondeur.
	Mètres.
50 mètres	1 25
100 —	2 »
150 —	3 »
225 —	3 »
325 —	7 »
425 —	8 75
500 —	10 »
600 —	10 25
700 —	12 75
825 —	12 »
875 —	13 »
925 —	5 50
975 —	6 50
1.050 —	5 50
1.100 —	5 25

Ce tableau montre comment, dans la région considérée, les fonds se relèvent brusquement à près de 900 mètres du rivage, et comment ils présentent une dénivellation considérable, puisqu'ils remontent de 13 mètres de profondeur à 5^m,50. Cette disposition touche à sa fin sur la ligne de sondages précitée, les hauts fonds cessant d'exister sur l'emplacement de la thonnare de Porto Paglia et au delà. Mais elle se maintient au nord de cette ligne, et s'accentue même en ce sens que les hauts fonds s'élèvent davantage, et se rapprochent de la surface de l'eau.

Une telle disposition a pour conséquence de délimiter, entre la bande des hauts fonds et la plage de Porto Paglia, une sorte de lagune, ou de bassin de retenue. Les abondantes eaux douces du Rio sa Masa s'y déversent. Au lieu de se mélanger aisément et sans difficultés aux eaux marines, et de se confondre sans délai ni interruption avec ces dernières, elles commencent par se diluer dans le contenu de ce bassin, partiellement soustrait, à cause des hauts fonds, à l'influence complète et directe de la masse marine. Il en résulte que ce bassin constitue une zone permanente, — puisque le débit du Rio Sa Masa est constant — d'eaux à faible salinité et faible thermalité. La dilution de ces dernières avec les eaux normales de la mer ne peut s'accomplir que par les couches superficielles, placées au-dessus des hauts fonds, ou par les extrémités du bassin et surtout par l'extrémité méridionale (où s'abaissent et s'arrêtent les hauts fonds et où poussent les vents dominants). Dans le premier cas, elle est contrariée par les courants de poussée que produisent les vents d'entre nord et ouest, qui sont les dominants. Dans le second cas, le plus habituel par suite, elle s'opère à portée immédiate de la thonnare de Porto Paglia.

Un fait de cette nature ne saurait exercer d'action sur les espèces marines euryhalines et eurythermes, telles que celles des poissons littoraux qui fréquentent les écueils de cette région, ou les eaux de la lagune. Mais il n'en est plus de même pour les espèces sténohalines et sténothermes, sensibles aux changements de salinité et de température ; l'action est inévitable, et l'on doit en tenir compte. Tel est précisément le cas d'*Orcynus thynnus L.*

D. — **Sténothermie et sténohalinité du thon commun** *(Orcynus thynnus L.).* — On a deux méthodes pour démontrer la capacité d'une espèce marine vis-à-vis des variations de son milieu : l'expérimentation directe, et l'observation œcologique. La première n'est point possible le plus souvent, et surtout à l'égard d'êtres ayant la taille et les habitudes du thon. La seconde fournit des résultats satisfaisants, à la condition de prendre l'habitat dans son ensemble, et dans ses changements essentiels d'après le gros de la population.

Le thon fournit, sur sa sténothermie, plusieurs indications fort précises. Sa population principale migratrice vit dans la Méditerranée, et dans l'océan Atlantique au large de la baie d'Espagne et du nord de l'Afrique ; les engins fixes destinés à sa capture, les thonnares ou madragues en l'espèce, ne donnent un rendement productif que dans ces régions ; d'après l'excellente *Carta generale delle tonnare* de Pavesi, elles ne dépassent point, dans l'Atlantique, le cap Saint-Vincent vers le nord. Les individus erratiques ne remontent qu'en moindre nombre dans le golfe de Gascogne, et ne se laissent prendre qu'à titre exceptionnel dans les mers européennes septentrionales.

Le régime thermique des eaux de la Méditerranée est connu. Les eaux superficielles subissent des variations considérables ; elles peuvent se refroidir en hiver jusqu'au voisinage de 0°C., et se réchauffer en été jusqu'à + 25° C. et au delà, quoique de quantités différentes selon les localités. Ces variations s'atténuent rapidement en profondeur, pour faire place à une uniformité complète. Le niveau thermocline, où s'arrêtent les alternatives précédentes, étant situé à une profondeur moyenne comprise entre 100 et 150 mètres, toutes les couches aqueuses placées au-dessous de lui possèdent une température uniforme et constante de + 12° C. à + 14° C. (+ 13° C. en moyenne).

Les conditions changent quelque peu, dans l'océan Atlantique, en ce qui concerne la baie d'Espagne et la côte septentrionale d'Afrique; mais elles ressemblent, en définitive, à celles de la Méditerranée. Les travaux des océanographes, et ceux notamment de Buchanan, ainsi que ceux plus récents de J. Murray et J. Hjort (1), dénotent la haute importance qui est dévolue, dans cette région, aux courants du détroit de Gibraltar. Ces courants sont au nombre de deux, et se superposent; le plus superficiel va de l'Océan à la Méditerranée; le plus profond va de la Méditerranée à l'Océan. Des mélanges se produisent ainsi des deux côtés du détroit. En ce qui concerne la baie d'Espagne, le courant profond, issu de la Méditerranée, se divise en deux nappes, dont l'une conserve sensiblement la même profondeur, dont l'autre plonge plus profondément, de manière à enchâsser une nappe intermédiaire d'eau océanique. Le résultat en est, pour cette région, que ses eaux se réchauffent au contact de celles qui lui arrivent sans répit de la Méditerranée; elles montrent, aux diverses profondeurs, une thermalité supérieure à celle que l'océan Atlantique offre, plus au large, aux latitudes correspondantes. La thermalité de la baie d'Espagne ne diffère guère de celle de la Méditerranée jusqu'à 500 ou 600 mètres de profondeur, c'est-à-dire jusqu'à une distance à laquelle les thons, qui fréquentent surtout les eaux superficielles et demi-profondes, ne descendent guère. Une liste de sondages, dressée par J. Murray et J. Hjort en mai 1910, époque de l'arrivée des thons de course dans les madragues, donne + 17° C. à la surface, + 15° C. à 100 mètres, + 13° C. à 300 mètres, et + 12° C. jusqu'à 600 mètres. Ces températures, sont, pour des profondeurs correspondantes, à peine inférieures de 1 ou 2 degrés à la moyenne de leurs similaires, à la même époque, dans la Méditerranée.

Ces chiffres permettent d'établir le minimum thermique d'*Orcynus thynnus*, *L.* Ce poisson ne se montre dans les eaux superficielles à température variable que dans certaines conditions. On ne le voit que pendant le printemps, l'été et l'automne. Il disparaît souvent en hiver, et n'apparaît par intervalles que dans certaines régions voisines des profondeurs moyennes situées au delà de la bordure du plateau continental. Ces apparitions sont subordonnées à l'existence de périodes calmes et ensoleillées, pendant lesquelles la température remonte. Elles sont d'autant plus fréquentes, d'autant plus longues, que la localité considérée est plus méridionale et sa thermalité plus élevée. Ces diverses observations s'accordent pour faire admettre que l'œcologie du thon se lie, au moins pour une partie, à la distribution des isothermes, et que ce poisson s'écarte, en

---

(1) *The Depths of the Ocean*. London, 1912.

hiver, des zones à température trop basse et trop variable pour gagner des couches pourvues d'une température plus élevée et plus constante. Comme le niveau thermocline, dans les régions qu'il habite, n'est pas très éloigné de la surface, il lui est facile d'y descendre, et de parvenir jusqu'à la couche constante de + 13° C. où il se trouve en eau demi profonde, à proximité de la bordure du plateau continental. Le degré moyen de + 13° C. serait donc celui du minimum thermique. Le roi Carlos de Portugal, dans son étude (1) sur les thons et les thonnares de la côte des Algarves, dans la baie d'Espagne, note en effet, que, d'après les remarques d'un armateur, on « n'a jamais vu arriver des bandes de thons, quand la température de la mer est inférieure à 13° C. »

Les circonstances mêmes de la pêche opérée par les thonnares donnent, quant à la Méditerranée, le degré de la température optimum, ou de celle que le thon recherche le plus volontiers. Les bandes de ce poisson arrivent surtout, et séjournent en eaux superficielles, à deux époques principales : celle du printemps pour le thon de course, celle de la fin de l'été et de l'automne pour le thon de retour. La première, plus importante que la seconde, fournit de beaucoup, dans l'ensemble, les pêches les plus productives. La température des eaux superficielles, à ces époques, varie de + 18° C. à + 22° C.; elle marque donc, en moyenne, une vingtaine de degrés. Bounhiol, dans son mémoire déjà cité, fait une remarque identique. Selon lui, le thon, sur la côte algérienne, se montre surtout dans des eaux qui accusent de + 19° C. à + 22° C.; à son avis, cette température serait nécessaire à la maturation des produits sexuels, qui s'élaborent au printemps pour être rejetés au début de l'été.

La sténothermie du thon s'enserre donc entre des limites peu distantes : un minimum de + 13° C., et un optimum de + 20° C.

La sténohalinité est plus marquante, car elle s'enserre entre des limites encore plus rapprochées. L'habitat principal du thon étant au large, conformément aux opinions les plus accréditées, et notamment à celles de MM. Grassi et Sanzo déjà citées, le thon de la Méditerranée s'y trouve, en surface comme en profondeur, dans des eaux d'une salinité constante et toujours élevée, puisqu'elle égale en moyenne 38 °/₀₀, et peut même monter à 38,5 et 38,7. La salinité des eaux de la baie d'Espagne est moindre, mais conserve pourtant un degré élevé. Les mensurations faites par J. Murray et J. Hjort accusent 36,21 et 36,28 dans les eaux superficielles jusqu'à 200 mètres de profondeur. La salinité tombe ensuite à 36 et un peu au-dessous, pour revenir à 36 et s'y maintenir jusqu'à 1.200 et 1.300 mètres de profondeur. Si l'on associe ces chiffres à ceux que donne la Méditerranée, on conclut que le thon fréquente des eaux dont la salinité est comprise entre 36 et 38 °/₀₀ en moyenne.

Une autre observation œcologique confirme cette appréciation. Les peuplements

---

(1) Carlos de Bragança, roi de Portugal, *Resultados das investigaçoes scientificas feitas a bordo do yacht Amelia A Pesca do Atrun no Algarve em 1898*, Lisbon, 1899.

principaux *d'Orcynus thynnus L.* habitent, dans l'Océan Atlantique, la baie d'Espagne et les eaux situées au sud-ouest de cette dernière; partout ailleurs, on ne rencontre que des individus isolés, et moins nombreux. Or, les premières régions sont précisément celles où la salinité, quant à l'Océan Atlantique, est la plus forte, où elle égale au moins 36 °/$_{oo}$, et la dépasse souvent. En remontant plus au nord, d'après les cartes des isohalines, et comme le confirment récemment MM. J. Murray et J. Hjort, on ne trouve que 35,5 au large du golfe de Gascogne, que 35 °/$_{oo}$ au large des îles Britanniques. Les eaux de ces dernières localités montrent bien, en été, une température voisine de l'optimum du thon, supérieure en tous cas au minimum; malgré cette circonstance favorable, les grandes bandes de la baie d'Espagne n'y remontent point, et seuls, quelques individus, de moins en moins nombreux vers le nord, se font capturer pendant l'été. Il s'ensuit donc qu'une cause, qui s'accorde avec la diminution de la salinité au-dessous de 36 °/$_{oo}$, empêche une telle migration par bancs vers des latitudes plus septentrionales (golfe de Gascogne), alors que ce déplacement s'accomplit, à des latitudes correspondantes, dans la Méditerranée, où la salinité se maintient au-dessus de 36.

Il semble donc que la sténohalinité *d'Orcynus thynnus L.*, soit fort rigoureuse, puisqu'elle s'établit entre 36 et 38,5, et puisque les isohalines inférieures à 36 donnent presque un motif d'exclusion. Une telle démonstration est complétée par le fait particulier à la mer Adriatique. Cette mer, qui communique largement avec la Méditerranée, est riche en poissons; elle contient les espèces dont le thon se nourrit volontiers. Tout en elle paraît convenir à ce dernier; et pourtant celui-ci n'y fréquente pas assez pour donner lieu à l'établissement de thonnares fixes. La carte dressée par P. Pavesi montre que l'on y prend les thons, sur ses côtes, avec des filets ordinaires. Les lieux où s'opèrent de telles pêches sont, en remontant du sud au nord : Corfou et ses alentours, les environs de Cattaro, de Raguse, de Sebenico, de Zara, de Cherso, et de Pola. Toutes ces localités sont situées sur la côte orientale; aucune mention n'est fournie pour la côte occidentale et italienne. Une telle opposition a son importance dans le cas présent. Si l'on consulte la carte de salinité de l'Adriatique dressée par Luksch et Wolf (1), et la répartition des isohalines superficielles, on s'aperçoit que ces dernières sont loin d'être également distribuées. Les isohalines les plus élevées, comprises entre 37 et 38 °/$_{oo}$ se localisent exclusivement sur la côte orientale et dans la partie axiale de la mer. Par contre, les isohalines les plus basses, qui descendent à 35 et à 33 °/$_{oo}$, longent la côte italienne. Ces différences de salinité concordent avec celles de l'œcologie.

L'indication est donc formelle au sujet de la sténohalinité du thon. Cette dernière s'établit entre deux limites fort voisines : l'une de minimum qui égale 36 °/$_{oo}$, l'autre de maximum qui égale 38 °/$_{oo}$, ou dépasse quelque peu ce degré. L'optimum paraît se placer entre 37 et 38, à en juger d'après le cas de la mer Adriatique.

---

(1) Voir notamment : Steuer, *Die Planktonkunde*, p. 35.

I. — **Conséquences quant à la pêche du thon auprès de Porto Paglia.** — Il suit de là que, dans des régions où se trouvent des couches de température et de salinité différentes, les thons se déplacent de manière à éviter les séries décroissantes d'isohalines et d'isothermes, et se reportent vers les séries croissantes jusqu'à ce qu'ils rencontrent l'optimum où ils se maintiennent. Leurs déplacements s'orientent en s'écartant des salinités et des températures trop basses, toutes choses égales d'ailleurs au sujet de la satisfaction des besoins alimentaires, pour se localiser dans les couches qui possèdent la salinité caractéristique, tout en offrant une température en croissance vers l'optimum ou se tenant à cet optimum. Les abords immédiats de Porto-Paglia constituent, par le fait du bassin dont les diverses qualités ont été spécifiées ci-dessus, une région de cette sorte. Ses qualités en peuvent exclure les thons, et les détourner s'ils viennent à passer auprès du lieu où elles se manifestent. Ces poissons, au lieu de continuer leur route dans la direction primitive, ou de séjourner, dévient latéralement, et se reportent vers des zones plus favorables.

Cette région d'interdiction ne se borne pas à l'enceinte limitée par la plage de Porto Paglia et par la bande des hauts fonds. Elle s'étend au delà, puisque l'eau douce, qui est la cause première de son existence, se trouve amenée avec constance par le Rio sa Masa; les zones de dilution progressive dépassent l'enceinte du bassin, comme l'ont montré les mesures de salinité et de température, pour avancer du côté de Nebida d'une part, du côté de la thonnare de Porto Paglia d'autre part, et dans l'espace intermédiaire. Or, le périmètre ainsi circonscrit est précisément celui où la thonnare susdite exerce son droit de pêche; il est celui où les thons doivent passer avant d'affronter la queue de cette thonnare et d'être conduits par elle vers le foratico. La conséquence inévitable en est que les thons, venant vers cette localité pendant leur migration de course, évitent d'y pénétrer dès qu'ils ressentent l'influence des isohalines décroissantes et d'une thermalité plus basse. Ils modifient leur direction première, pour se tenir dans les isohalines et les isothermes les plus élevées de cette même région, et ils évitent ainsi la thonnare de Porto Paglia.

Cette conséquence, dans son ensemble, explique l'état précaire du rendement actuel; la région d'interdiction embrasse de façon partielle, sinon totale, le périmètre de pêche de la thonnare. Mais elle offre des variations, qui expliquent à leur tour celles de la pêche. Les zones de dilution progressive modifient leur extension de deux façons : ou par l'augmentation du débit du Rio sa Masa, ou par l'action des courants marins locaux. Au sujet du premier cas, l'augmentation peut se produire par le moyen d'une crue considérable, due à une période de ruissellement intense, ainsi qu'il en est parfois au printemps; les zones de dilution s'étendent davantage, augmentant d'autant l'espace dévolu à la région d'interdiction. Au sujet du second cas, les courants, lorsqu'il en est, entraînent ces zones selon leur propre direction, et modifient ainsi leur extension. Dans la région considérée, les courants superficiels les plus fréquents sont ceux que causent les vents dominants d'entre nord et ouest. Ces courants contrarient, par leur présence, l'extension vers le large des zones de diffusion, et les conduisent, pour une partie le long de la côte vers Nebida, pour une autre partie le long de la côte vers les falaises de Perdajas-Maunas, et la queue de la thonnare de Porto Paglia. Cette deuxième partie, selon toutes probabilités, est plus considérable que l'autre, en raison de la direction de la côte qui s'oriente vers le sud-ouest dans le sens où le courant va le plus facilement, et à cause de la disposition des hauts fonds, qui s'affaissent et s'interrompent de ce côté en y rendant plus aisé l'écoulement venant du bassin.

L'état spécial de la région de Porto Paglia explique encore, et peut seul expliquer, un fait des plus remarquables qui soient en la cause. La Commission d'enquête sur la Sardaigne, créée par décret du 12 décembre 1894, et dont le rapport est cité par MM. les enquêteurs de mars et d'avril 1912, s'exprime ainsi : « Au prix d'une lourde dépense, on employa un plongeur pour vérifier si les causes pouvaient provenir de la rupture des filets, des courants contraires, etc. : mais on ne trouva rien. Au contraire, *plus d'une fois on eut à constater de nombreuses bandes de thons réunies au delà des filets.* » La raison de ce phénomène est donnée par l'état même des zones de dilution venant du bassin de Porto Paglia. Aux moments de ces constatations, les zones recouvraient l'espace situé en deçà de la thonnare ; elles empêchaient les thons d'y pénétrer. Mais elles ne s'étendaient pas au delà, où les thons avaient dès lors libre accès.

Cet état explique encore les concordances que l'on relève entre les variations du rendement de la thonnare de Porto Paglia et celles des autres thonnares, en insistant de préférence, parmi ces dernières, sur Porto Scuso, la plus proche de Porto Paglia. Ces concordances ont été mentionnées à plusieurs reprises, et interprétées de diverses façons. Elles résultent, soit de l'extension passagère, exceptionnelle, des zones de dilution vers le périmètre de pêche de la thonnare de Porto Scuso, soit de leur restriction auprès de celui de la thonnare de Porto Paglia. Le détournement des thons, qui, dans le premier cas, touche à son comble sur le périmètre de la thonnare de Porto Paglia, s'étend partiellement à celui de Porto Scuso, et diminue sa capacité de rendement. Par contre, si les zones de dilution se bornent au minimum sur Porto Paglia, et laissent à sa thonnare une capacité relativement élevée de rendement, à plus forte raison en est-il ainsi pour la thonnare de Porto Scuso, puisque la région d'interdiction est ramenée au plus petit espace possible, de manière à laisser aux thons, dans la circonscription de ces deux thonnares, le maximum d'espace convenable. Ces deux thonnares sont ainsi soumises à une commune influence, qui atteint son maximum d'intensité et de persévérance au sujet de Porto Paglia, plus proche de cette cause perturbatrice, et son minimum au sujet de Porto Scuso.

Il est impossible d'aller plus avant dans l'étude des faits, comme dans leur interprétation quant aux conséquences immédiates. Des observations, faites à l'époque même de la pêche, permettraient seules de préciser davantage, et de pousser plus loin l'investigation analytique; grâce à la constatation directe des choses par elles-mêmes. Elles compléteraient la démonstration. Celle-ci, quant au fond, est pourtant posée dès maintenant, et suffisante en la cause. Elle résulte des faits constatés sur place à la fin d'octobre, et de ceux que l'on sait convenir à la biologie des thons. Elle ne saurait changer, puisque le débit du Rio sa Masa est continu, et puisque la rangée des hauts fonds, connue de mémoire d'homme, a un caractère permanent. Elle trouve, à son tour, une confirmation nouvelle dans la recherche et l'examen des circonstances, antérieures à l'état présent, qui existaient à l'époque où la thonnare de Porto Paglia se trouvait en pleine période de prospérité; et c'est là ce qui reste à traiter pour achever.

III. — Étude des conditions qui se présentaient jadis, lorsque la thonnare de Porto Paglia possédait sa pleine production. —

Cette démonstration paraît, en effet, avoir un point faible. Si l'état actuel de la thonnare de Porto Paglia se lie d'étroite façon à l'existence des hauts fonds et au déversement constant d'une grande quantité d'eau douce par le Rio sa Masa, pourquoi cette thonnare eut-elle autrefois une production plus considérable, qui lui permettait d'égaler, et parfois de dépasser, ses voisines de Porto Scuso et d'Isola Piana, les hauts fonds et le cours d'eau étant alors à la place qu'ils occupent aujourd'hui? La contradiction semble, en effet, formelle. Toutefois, elle ne l'est qu'en apparence. Les hauts fonds n'ont probablement pas varié; mais il n'en fut pas de même pour le Rio sa Masa, qui a changé de débit. Il s'agit donc de rechercher et d'examiner si ce changement explique le cas relatif aux rendements dissemblables de la thonnare de Porto Paglia.

A. — Le régime ancien du Rio sa Masa. — Ce cours d'eau a changé de débit, car il ne sert d'émissaire que depuis plusieurs années aux galeries d'écoulement des mines avoisinantes. Avant qu'il en fût ainsi, son débit se bornait à celui que lui apportaient les eaux de ruissellement de son bassin. Il est donc nécessaire de connaître la valeur de ce débit, qui est celui du fleuve lui-même, indépendamment de tout appoint, et d'en examiner les conséquences au sujet de la valeur des isothermes et des isohalines dans la région de Porto Paglia. Il s'agit, en somme, de se représenter ce qui existait lorsque le Rio sa Masa bornait son débit à ses eaux particulières. Les éléments d'un tel travail sont empruntés à l'excellent mémoire publié par M. G.-A. Favaro sur la climatologie régionale (1), où les mesures embrassent une période de dix années (1900-1909). Cette période est assez vaste pour donner une moyenne suffisante, et applicable par extension aux périodes antérieures.

Le Rio sa Masa a un parcours de 5 kilomètres. Il appartient au type torrentiel. Son bassin entier mesure 7.059 hectares. La moyenne annuelle des pluies est de 460 ^{mm},09,

(1) G.-A. Favaro, *I principali elementi del clima di Carloforte nel decennio 1900-1909*; Reale Commission Geodetica Italiana, Bologna, 1910-1911.

et la moyenne mensuelle de 38 ^{mm},04, avec neuf jours de pluie par mois. Ces chiffres donnent, pour le bassin entier, un total de 32.534.931 mètres cubes d'eau provenant, dans l'année entière, des chutes de pluie.

Toute cette eau ne va pas se collecter dans le lit du fleuve. Selon les données de la géographie physique et de la météorologie, elle se divise en trois parts : l'une qui s'évapore au contact du sol ou par le jeu de la végétation; une autre qui s'infiltre dans le sol; une troisième qui ruisselle à la surface ou entre les assises superficielles, et coule à la rivière. Cette dernière est la seule qui parvienne au lit du fleuve, et qui, formant son débit, le parcourt pour se jeter dans la mer. On estime sa quantité moyenne au quart de la masse totale des pluies tombées. Cette proportion étant appliquée au nombre précité, on trouve, pour exprimer le débit moyen annuel et particulier du Rio sa Masa, le chiffre de 8.133.732 mètres cubes, soit, en chiffres ronds, 8 à 9 millions de mètres cubes par an, ou une moyenne de 25.000 à 26.000 mètres cubes par jour, en supposant les pluies régulièrement réparties.

Les mesures publiées par M. G.-A. Favaro permettent, en outre, de trouver des chiffres plus précis et plus adéquats au sujet. Les mois de pêche, dans les thonnares, sont ceux de mai et de juin ; c'est donc la valeur du ruissellement à cette époque qu'il s'agit surtout d'évaluer. Or, ces deux mois ont, en tant que chutes de pluie, une moyenne mensuelle spéciale, et inférieure à la moyenne mensuelle totale. Cette dernière égale, comme il est mentionné ci-dessus, 38 ^{mm},04, alors que celle de mai est seulement de de 28 ^{mm},3, et celle de juin 13 ^{mm},5. Il en résulte que la valeur du ruissellement pendant ces deux mois, et par suite celle du débit du Rio sa Masa, sont aussi inférieures à la moyenne totale. Les calculs donnent à mai, pour la chute des pluies, le chiffre de 1.997.697 mètres cubes, soit en chiffres ronds, 2 millions de mètres cubes; ils donnent à juin celui de 952.965 mètres cubes, soit 1 million environ de mètres cubes. Le ruissellement étant égal au quart de la chute des pluies, celui de mai peut s'évaluer à 500.000 mètres cubes ou 17.000 à 18.000 mètres cubes par jour, et celui de juin à 250.000 mètres cubes ou 8.000 à 9.000 mètres cubes par jour. Ces chiffres seraient donc ceux, pour la même époque, du débit particulier du Rio sa Masa.

Les mesures prises dans le mémoire de M. G.-A. Favaro permettent d'aller plus loin encore. Le ruissellement n'est pas un phénomène constant; il varie selon la durée des pluies. Un cours d'eau aussi limité que le Rio sa Masa, soumis au régime torrentiel, n'a pas un débit uniforme; l'importance de son débit se lie rigoureusement à celle du ruissellement, qui dépend à son tour du nombre des jours de pluie. Ce débit, variable selon ces alternatives, augmente pendant les périodes pluvieuses, pour diminuer pendant celles de sécheresse. Ces variations sont, en outre, d'autant plus étendues, que les durées respectives de ces périodes sont plus différentes et plus tranchées. Or, le mois de mai a une moyenne de sept jours de pluie, et celui de juin une moyenne de quatre jours de pluie. Il en résulte que le débit mensuel moyen du Rio sa Masa ne s'écoule pas à la mer avec uniformité et continuité. La plus grande partie de cet écoulement s'opère pendant les périodes pluvieuses, qui sont les moins longues. Le cours se ralentit pendant les autres jours du mois, qui sont les plus nombreux. Dans ces dernières conditions, et s'il était borné à ses seules eaux, le Rio sa Masa ne contiendrait dans son lit qu'un mince filet. Il en est ainsi, du reste, pour les autres fleuves côtiers de la région, qui n'ont d'autre débit que celui du ruissellement.

Ces considérations ont leurs conséquences quant à la valeur et à la distribution des isothermes et des isohalines, telles qu'elles existaient autrefois, à l'époque où le Rio sa Masa n'avait d'autre régime que le sien propre. La quantité d'eau douce que ce fleuve amenait alors à la mer, dans la région de Porto Paglia, pendant la période des pêches, était des plus minimes durant la plus grande partie de cette période, et fort inférieure à ce qu'elle est maintenant. Elle était incapable de modifier, en cette région, les isothermes et les isohalines sur une étendue aussi vaste qu'aujourd'hui. Les zones de dilution se bornaient aux confins immédiats de l'embouchure, et ne s'étendaient pas au delà. Le bassin, compris entre la plage de Porto Paglia et la bande des hauts fonds, contenait une eau dont la thermalité et la salinité ne différaient point de celles de l'eau du large. Il en résultait donc que cette région, aujourd'hui interdite partiellement au thon, ne l'était alors en aucune façon.

Les choses ne changeaient qu'au cours des périodes pluvieuses. Le ruissellement devenait plus considérable, et le débit du Rio sa Masa augmentait en proportion, se rapprochant de ce qu'il est aujourd'hui avec constance, ou même le dépassant au cas de fortes pluies persistantes. Les isothermes et les isohalines de la région de Porto Paglia se modifiaient alors pour ressembler à ce qu'elles sont aujourd'hui. La zone d'interdiction du thon se créait et s'étendait, de manière à diminuer le rendement de la thonnare. Mais cette circonstance était, par sa nature même, passagère et temporaire. Elle cessait de se présenter lorsque les pluies venaient à s'interrompre; et la condition habituelle, favorable à la pêche, reprenait comme auparavant. Les variations anciennes du rendement de la thonnare de Porto Paglia, et, par extension, celles de la thonnare de Porto Scuso, reconnaissent sans doute pour cause, au moins en partie, de telles raisons.

Cette ancienne période, antérieure à l'époque où le Rio sa Masa a été converti en émissaire d'une galerie d'écoulement, se caractérise donc par le fait qu'elle ne présentait qu'à titre exceptionnel, ce qui, depuis, est devenu la règle. La circonstance fâcheuse et passagère d'autrefois est devenue habituelle aujourd'hui. Tout en agissant avec constance pour diminuer le rendement total, elle s'augmente en outre des conditions complémentaires que créent les apports plus considérables des périodes pluvieuses; elle donne aujourd'hui à la zone d'interdiction, soit dans ses minima, soit dans ses maxima, une étendue plus vaste qu'autrefois.

B. — **La concordance entre les régimes du Rio sa Masa et les rendements de la thonnare.** — La démonstration précédente doit se compléter nécessairement par l'examen des relations établies, dans le temps, entre les deux régimes successifs du Rio sa Masa, l'ancien et le récent, et les deux périodes successives de production de la thonnare de Porto Paglia. Ce complément est utile pour préciser la concordance, et donner à la démonstration toute sa portée.

Les documents dont il est fait état pour établir ce complément ont une double origine. Les uns proviennent de la publication officielle *Rivista del Servizio minerario*. Les autres sont les résultats statistiques du rendement annuel des thonnares, établis par MM. les enquêteurs de mars et d'avril 1912. Ceux-ci ont tiré de ces résultats, en les groupant et calculant un pourcentage, les éléments mêmes d'une démonstration. Il semble que ce soit trop leur demander. Ces résultats expriment seulement des chiffres globaux et des effets d'ensemble ; on ne saurait donc y trouver les termes d'une analyse critique des diverses causes possibles, qui doivent être cherchées directement, au moyen de constatations objectives. Une telle statistique ne peut servir qu'à titre d'indication ; et encore ne peut-elle s'utiliser ainsi, qu'à la condition d'être examinée en entier dans sa série complète, sans sectionnements, ni groupements, ni opérations arbitraires.

Un graphique de cette sorte, comprenant toutes les années successives de 1830 à 1912, est annexé au présent rapport. La courbe de la production de Porto Paglia, parmi les oscillations qu'elle présente à l'égal de toutes les thonnares, y montre trois périodes consécutives : la première va de 1830 à 1848 inclus ; la deuxième commence en 1849 pour aller à 1884 inclus, la troisième commence en 1885 pour aboutir à 1912.

La première période (1830 inclus à 1848 inclus) embrasse dix-neuf années. Elle se caractérise par une production moyenne et relativement constante, car les différences de ses minima à ses maxima ne sont pas aussi grandes que dans les deux périodes ultérieures. Elle offre deux minima inférieurs à 1.500 (chiffre exprimant le nombre total des thons capturés par la thonnare durant la période entière de la pêche), et un minimum inférieur à 1.000 (1.331 thons en 1836, 1.474 en 1837, 433 en 1847). Elle présente deux maxima supérieurs à 3.000 (3.030 en 1830, 3.171 en 1840). Elle ne monte jamais à 3.500, ni au-dessus.

La deuxième période (1849 inclus à 1884 inclus) embrasse trente-six années. Elle se caractérise, dans son ensemble, par une production considérable, quoique fort inégale ; elle correspond à l'époque de grande prospérité de la thonnare. Un seul des minima est inférieur à 1.500 (1.010 thons en 1858), et un seul à 1.000 (467 en 1874) ; tous les autres minima sont supérieurs à 1.500. Les maxima supérieurs à 3.000 sont au nombre de 23, dont 18 dépassent 3.500 tons (années 1849, 1854, 1859, 1860, 1863, 1864, 1865, 1866, 1868, 1869, 1870, 1872, 1877, 1878, 1880, 1881, 1882, 1883). L'année 1849, qui ouvre cette période, accuse un rendement de 4.085 thons ; l'année 1884, qui la clôture, donne une production de 3.178 thons. Certains maxima montent très haut et parviennent à un chiffre qui ne fut jamais atteint, ni avant, ni après (7.168 thons en 1865, 6.766 en 1868, 7.171 en 1878, 6.526 en 1882). L'ensemble de cette période est ainsi des plus élevés.

La troisième période, qui se prolonge jusqu'à 1912, débute en 1885 par une baisse marquée ; le rendement de la thonnare tombe à 1.573 thons, alors qu'il fut de 3.178 en 1884. Cette baisse ouvre une période nouvelle, car, à dater d'elle, la courbe ne se relève plus à la hauteur des deux périodes antérieures. Non seulement elle reste au-dessous de celle de la seconde période, mais elle accuse même une infériorité marquée vis-à-vis de la production de la première période. De même que dans cette dernière, les maxima n'atteignent jamais 3.500 ; un seul d'entre eux, en 1886, dépasse 3.000, encore de peu (3.030 thons). Elle se caractérise surtout par la fréquence et la petitesse de ses minima, dont sept sont inférieurs à 1.000 (772 thons en 1890, 316 en 1893, 413 en 1895, 635 en en 1904, 673 en 1905, 850 en 1907, 928 en 1911.

Cette troisième période est celle du litige. Ayant débuté en 1885 par un rendement de 1.573 thons, elle se relève en 1886 (3.030) pour décliner ensuite de façon progressive (2.226 thons en 1887, 2.057 en 1888, 2.102 en 1889), aboutir en 1890 à une nouvelle baisse (772 thons), et continuer par des oscillations entre des maxima peu élevés et des minima très bas.

Le graphique contient également les courbes des thonnares de Porto Scuso et d'Isola Piana. On rencontre ici, de façon très nette, des concordances et des dissemblances caractéristiques. La courbe de Porto Scuso suit de près celle de Porto Paglia, en ce sens que les époques des maxima et celles des minima se correspondent presque toujours ; mais la première se tient d'habitude au-dessus de la seconde, et cette supériorité, parfois très accentuée, qui disparaît par courtes périodes rapidement compensées, n'a jamais cessé de se maintenir pendant la durée de la troisième période. La courbe d'Isola Piana, tout en offrant une certaine concordance avec les deux autres, se détache d'elles pourtant, à plusieurs reprises ; elle possède une indépendance réelle, due, sans doute, à la situation de la thonnare, placée en dehors de Capo Altano et à proximité du chenal de l'île San Pietro, condition qui crée probablement à ses isothermes et à ses isohalines un régime spécial. Cette courbe pendant les deux premières périodes recoupe à diverses reprises celle de Porto Paglia, accusant ainsi un rendement tantôt inférieur et tantôt supérieur à celui de cette dernière thonnare ; mais, à dater de la troisième période, elle se place uniformément au-dessus de la courbe de Porto Paglia, et ne la recoupe que de peu pour marquer un rendement inférieur.

Il serait illogique de demander à ce graphique, comme à toute considération sur des statistiques, une démonstration causale quelconque. Il est seulement capable de donner une indication de temps ou d'époque, et cette indication est formelle. La période litigieuse commence en 1885, pour se prolonger jusqu'à l'année présente. La baisse de Porto Paglia s'accentue et s'aggrave par la comparaison avec les autres thonnares, qui montrent, parmi leurs oscillations, malgré leurs chutes temporaires, que la période de prospérité continue chez elles, et leur permet même d'avoir, en 1900, 1901, 1909, 1910, 1911, des rendements égaux ou presque égaux aux plus élevés de leur courbe totale.

Il n'est pas superflu de noter qu'aucune concordance ne s'établit entre les indica-cations de ce graphique et les dates où ont commencé les opérations incriminées par les demandeurs. L'exploitation minière de Malfidano a débuté en 1866, c'est-à-dire en pleine période de prospérité des thonnares, celle de Porto Paglia comprise. Les plus hauts rendements en thons se sont produits par la suite, entre 1876 et 1884, pour l'ensemble des trois thonnares; Porto Paglia accuse 6.766 thons en 1868, 7.171 en 1878, 6.526 en 1882. Il n'y a donc aucune concordance. La première laverie de Malfidano a débuté en 1880, et la seconde en 1890. Or, les thonnares accusent encore des maxima élevés pendant les années qui suivent 1880; Porto Paglia pêche 6.526 thons en 1882 et Porto Scuso 10.136. C'est seulement en 1885 que le graphique accuse la décroissance de Porto Paglia, qui se sépare nettement des autres, dont les courbes se portent de plus en plus haut dans le tracé. Les trois thonnares subissent en cette année une chute synchrone, dont les deux autres se relèvent progressivement malgré de nouvelles chutes tempo-raires, alors que Porto Paglia conserve sa situation inférieure, subissant des baisses de plus en plus accentuées, 316 thons en 1893 et 413 en 1895. Il n'existe donc aucune concordance de date entre l'installation des laveries de Buggerru et l'état actuel de Porto Paglia.

Si la concordance échappe du côté de Buggerru, elle se révèle, par contre, du côté du Rio sa Masa. Ce cours d'eau, jusqu'à la fin de la seconde période prospère de Porto Paglia, avait conservé ses conditions propres, et bornait son débit à celui qu'il recevait du ruissellement. Les choses changent à dater de 1885. La Société des Mines de Monteponi, ayant entrepris le percement d'une galerie d'écoulement *(Galleria Umberto)* pour se débarrasser de ses eaux d'infiltration et les évacuer dans le Rio sa Masa, atteint en février 1885, dans ses travaux à cet effet, le massif calcaire. De suite, la quantité d'eau rejetée augmente dans de fortes proportions, et parvient à un taux moyen de 21 mètres cubes à la minute (minimum de 18.720 litres, maximum de 23.312 litres), soit 30.000 mètres cubes par jour en moyenne, et 11 millions de mètres cubes par an (1). Toute cette eau est déversée avec continuité dans le Rio sa Masa, qui commence dès lors à posséder son régime actuel; dès février 1885, le débit du Rio sa Masa, plus que doublé, devient uniforme. Or, c'est en mai et juin 1885 que débute la période de baisse de Porto Paglia. Dès cette époque, en raison des circonstances nouvelles de débit augmenté et rendu constant, les valeurs et les distributions des isothermes et des isohalines se modifient, à portée de la thonnare, d'une façon continue et défavorable à cette dernière.

La publication annuelle officielle de la *Rivista del Servizio minerario* (Minist. d. Agric. Ind. et Comm.) rend ensuite compte, année par année, de l'augmentation progressive

---

(1) *Rivista del Servizio minerario*, 1886.

G

de ce débit supplémentaire, régulier et persistant. Les travaux de percement continuent, et le déversement augmente. Finalement, la galerie est achevée en août 1889; elle débite alors, par seconde, et déverse dans le Rio sa Masa, un maximum de $1^{m3},428$ en janvier, un minimum de $1^{m3},112$ en novembre, soit un maximum de $85^{m3},680$ par minute et un minimum de $66^{m3},720$, ou une moyenne de 4.500 mètres cubes environ par heure, et de 108.000 mètres cubes par jour. Ce débit, depuis cette date, n'a cessé de se maintenir, et de dépasser en moyenne 1 mètre cube à la seconde. Le total déversé en 1894 se chiffre par 40.444.870 mètres cubes, celui de 1895 par 40.148.708 mètres cubes, celui de 1896 par 34.406.675 mètres cubes. Il se place donc par an, aux environs de 35 à 36 millions de mètres cubes, quintuple, en le rendant constant, le débit ancien moyen total du Rio sa Masa, dépasse le sextuple pour le débit moyen du mois de mai pendant la période des pêches, et dépasse le décuple pour celui du mois de juin. Non seulement l'action défavorable inaugurée en 1885 subsiste avec persévérance, mais encore elle s'aggrave de 1885 à août 1889, produisant ainsi, à dater de la période de pêche de 1890, ses effets complets et tels qu'on les constate aujourd'hui.

La concordance est donc des plus nettes : la période litigieuse a commencé lorsque le Rio sa Masa, par l'effet de la galerie d'écoulement des mines de Monteponi, a été converti en un cours d'eau au débit abondant et continu. Le bassin de la zone de Porto-Paglia, circonscrit par la plage et par la bande des hauts fonds, a donc revêtu avec constance son allure présente, qu'il n'avait autrefois qu'en temps de crues torrentielles, et la zone d'interdiction s'est étendue avec persistance dans le périmètre de pêche de la thonnare de Porto Paglia.

L'étude de la concordance dans le temps a ainsi fourni son indication, en désignant le point où il convenait d'orienter les recherches pour achever la démonstration. Cet achèvement est donné par les mesures du débit du Rio sa Masa pendant comme après sa transformation en un émissaire de galerie d'écoulement.

Cette dernière partie de la démonstration complète les arguments fournis auparavant sur la valeur, la distribution variable dans le temps et dans l'espace, et le rôle, selon ces variations, des isothermes et des isohalines dans la région des thonnares. Le tout se coordonne et se lie entre soi. Les liaisons sont si étroites qu'il est permis de les porter au premier plan, et de donner à la dernière section de la seconde partie de ce rapport, section consacrée à l'étude particulière des conditions biologiques relatives à la pêche des thons par la thonnare de Porto Paglia, la conclusion suivante :

« Il y a détournement des thons causé par l'extension variable, sur le périmètre de pêche de la thonnare, d'une zone d'interdiction dont la présence constante se lie au débit régulier et abondant du Rio sa Masa converti en émissaire de galerie d'écoulement de mines, et à l'existence, au-devant de la plage de Porto Paglia, d'une bande de hauts fonds qui retardent la dilution de l'eau du Rio sa Masa avec les eaux marines. »

IV. — Résumé et Conclusions. — En résumé nous avons été amenés par nos recherches à reconnaître l'inanité des imputations formulées contre les laveries de la Société de Malfidano, et à mettre en évidence au contraire des faits qui n'avaient pas été aperçus jusqu'ici et qui doivent désormais être placés au premier plan.

Dans la partie océanographique de notre rapport nous avons montré qu'il n'est pas possible de considérer comme arguments scientifiques les considérations relatives aux diverses apparences optiques observées sur la mer, ou aux mesures de transparence prises au moyen du disque de Secchi, les unes et les autres exprimant des phénomènes globaux auxquels concourent plusieurs causes différentes qui superposent leurs effets, sans qu'on puisse discerner exactement ce qui revient à chacune d'elles.

En admettant d'ailleurs que ces apparences et ces variations de transparence aient réellement la portée qu'on leur attribue, la cause devrait en être rapportée bien plutôt aux laveries voisines des thonnares et notamment à celles dont les produits arrivent à Cala Domestica et dont nous avons constaté les effets.

Nous avons montré par l'expérimentation directe que la précipitation des matières contenues dans les eaux des laveries de Buggerru est très rapide puisque ces eaux se dépouillent, en une heure et demie, des 999 millièmes des sédiments qu'elles renferment. Une telle vitesse de précipitation est incompatible avec l'hypothèse d'un transport superficiel aux thonnares, éloignées de vingt kilomètres. Les courants locaux ne peuvent être comme le montre l'examen des chiffres tirés de la météorologie régionale, ni assez forts, ni assez constants pour expliquer un tel transport qui devrait, pour être efficace, être régulier.

Le transport ne peut pas s'effectuer davantage sur le sol sous-marin dont la constitution, comme nous l'avons montré, est telle qu'il oppose une barrière infranchissable aux matériaux déposés sur le fond.

Enfin l'existence sur les filets des thonnares d'un limon même ferrugineux et zincifère n'a par elle-même aucun caractère probant, et il n'en résulte nullement que les éléments que ce limon renferme proviennent de Buggerru.

De tout ce qui précède résultent bien nettement pour nous les conclusions suivantes qui répondent aux trois premiers points du questionnaire de la Cour de Rome.

Il y a production de trouble dans les eaux de la mer par les eaux des laveries de la Société de Malfidano, mais ce trouble est limité aux environs immédiats de Buggerru ; il s'avance rarement au delà de Planu Sartu et ne dépasse normalement jamais Toppi Vacca ni Cala Domestica.

A plus forte raison ne pénètre-t-il jamais dans la zone réservée aux thonnares dont la plus proche est à 6 kilomètres au moins de Cala Domestica.

De même les variations du fond n'ont aucune action : les plus importantes se trouvent à Buggerru même. Dans la zone réservée aux thonnares, il ne peut y en avoir aucune. La pente relativement rapide du fond entre Buggerru, Cala Domestica et Masua assure la prompte élimination vers les grands fonds de tous les matériaux qui s'y déposent.

Quant à la quatrième question relative au détournement des thons, sa solution résulte de la partie biologique de notre rapport.

Nous avons montré dans notre étude que dans toute la région, depuis Buggerru jusqu'aux thonnares, l'état de la faune marine est normal. Il n'y a viciation ni des eaux, ni des fonds.

Il ne peut y avoir détournement des thons par le bruit des stériles jetés du haut de Planu Sartu, qui, d'une part ne saurait se propager jusqu'à la zone réservée aux thonnares, et d'autre part, ne saurait influencer les thons dont les organes auditifs manquent de sensibilité.

Il ne peut pas davantage y avoir détournement par les eaux troubles, qui échappent à la perception visuelle des thons en raison de la conformation de leurs yeux.

Mais par suite de circonstances locales il existe au voisinage des thonnares de Porto Paglia et Portoscuso une cause permanente de trouble des conditions normales des eaux du golfe, dont l'origine remonte à 1885, et coïncide par conséquent avec l'origine de la baisse de rendement qui fait l'objet du litige.

Par suite de la transformation à cette époque du Rio sa Masa en émissaire d'une galerie d'écoulement de mines, cette rivière qui avait auparavant un régime torrentiel, et qui, particulièrement aux mois de mai et juin, où se pratique la pêche, était à sec ou n'avait qu'un mince filet d'eau, a acquis depuis lors un régime régulier et permanent, et elle apporte à la mer un débit constant de plus de 100.000 mètres cubes d'eau douce par jour.

Au lieu de se diluer rapidement dans les eaux de la mer comme elle le ferait sur une côte ouverte, cette eau douce maintenue déjà par son arrivée au fond du golfe, l'est davantage encore par la présence des récifs que nous avons signalés, qui limitent une lagune dans laquelle la dilution est retardée. Les eaux de cette lagune, qui s'étend de Fontanamare à Porto Paglia, ont leur température et leur salinité abaissées par le mélange d'eau douce. L'extension de la zone où cet abaissement se produit est variable suivant la direction des vents et l'état de la mer, mais par suite de la direction des récifs et celle des vents régnants, elle est naturellement conduite vers la thonnare de Porto Paglia dont elle envahit normalement la zone réservée du côté où elle doit être parcourue par les thons pour arriver aux filets.

Or, l'étude des conditions dans lesquelles s'effectue la pêche du thon montre que ce poisson est sténotherme et sténohalin, c'est-à-dire que les eaux qu'il fréquente dans ses déplacements se tiennent dans d'étroites limites de température et de salinité, un faible écart de l'une ou de l'autre suffisant à l'éloigner.

La zone à température et à salinité réduites qui existe en permanence entre Fontanamare et Porto Paglia est précisément dans des conditions telles que les thons s'en écartent pour rechercher des eaux de température et de salinité plus favorables.

C'est donc dans l'existence de cette zone spéciale, qui constitue normalement au voisinage de la queue de la thonnare de Porto Paglia, et parfois quand le régime des vents et des courants locaux s'y prêtent jusqu'à la thonnare de Porto Scuso, une zone d'interdiction pour les thons, qu'il faut chercher la cause réelle et permanente du détournement des thons, seule capable d'expliquer la baisse de rendement dont on se plaint, et pour nous il n'en est point d'autre.

Dr Louis ROULE, ✶

Professeur au Muséum d'Histoire Naturelle
de Paris.

J. THOULET, ✶

Professeur à la Faculté des Sciences
de l'Université de Nancy.

IMPRIMERIE CHAIX, RUE BERGÈRE, 20, PARIS. — 36057-12-12. — (Encre Lorilleux).

www.ingramcontent.com/pod-product-compliance
Lightning Source LLC
Chambersburg PA
CBHW071420200326
41520CB00014B/3504